Marc Walter

Legendäre Reisen
in Frankreich

Alain Rustenholz
Sabine Arqué

Aus dem Französischen
von Karin Boden, Monique Lütgens
und Sigrid Groß

GEOSAISON

Frederking & Thaler

»Einsteigen, meine Herren Reisenden, der Zug fährt gleich ab. Bitte die Türen schließen!« Der Bahnhofsvorsteher pfeift, und der Zug setzt sich in Bewegung. Im Qualm der Lokomotive winken Abreisende und Zurückbleibende mit ihren Taschentüchern.

Oben: Aus dem Fenster der Zahnradbahn zum Berg »La Rhune« blickt der kleine Dani Lartigue auf das Baskenland, 1927.

Seite 1: Die mit Dampf betriebene Eisenbahn durch die Cevennen, die 1971 stillgelegt wurde, hat dank einer Vereinigung von Eisenbahnfreunden ihre Fahrt wieder aufgenommen. Jedes Jahr von März bis November verbindet sie Anduze mit Saint-Jean-du-Gard, zum größten Vergnügen der Liebhaber von Natur und Nostalgie.

Doppelseite 2/3: der von Eiffel erbaute Viadukt von Rouzat in der Auvergne.

Seite 4: in einem Fernzug aus den 1930er-Jahren. Solche Wagen wurden mehr als 50 Jahre lang im gesamten französischen Eisenbahnnetz eingesetzt. Der abgebildete Wagen aus dem Besitz der Gesellschaft PO Midi (Paris-Orleans-Südfrankreich) ist einer der letzten Überlebenden des großen Eisenbahnzeitalters und verbringt seinen Ruhestand im Eisenbahndepot »Ajecta« in Longueville.

Inhalt

Kodak

Erinnerungen an Frankreich

Es gibt sesshafte Franzosen. Sie kommen von »irgendwoher« und bleiben ein für allemal da, freiwillig oder gezwungenermaßen. Und es gibt ihrer mehr, als man glaubt. Früher wurde erzählt, dass manche Pariser niemals über die Seine hinauskamen: Man war vom linken oder vom rechten Ufer, und dabei blieb es. Zweifellos handelt es sich um eine im Aussterben begriffene Art, und doch ... Wenn man genau sucht, finden sich vielleicht noch immer Leute, für die jenseits des Flusses schon das Ende der Welt bedeutet. Und die, welche niemals die Loire überquert haben? Die am Wasser stehen bleiben wie vor einer Zollschranke: Auf der einen Seite würde man zu den Nebeln des Nordens gelangen, auf der anderen unter südlichem Himmel braten. Und dann gibt es Menschen, die nie das Meer gesehen haben. Zu ihnen gehörte meine Großmutter. Das führte bei uns in der Familie zu einer wahren Mobilmachung, als es darum ging, die jeder Ortsveränderung abholde Greisin für die Reise nach Etretat zu gewinnen. Großmutter stand kerzengerade am Strand, suchte den Horizont ab und sagte nur: »Aber wo ist das andere Ufer?« Uns wurde klar, dass die wortkarge, stets unerschütterliche Burgunderin völlig verblüfft war. Sie hatte die Unendlichkeit entdeckt oder etwas Ähnliches, und wir alle waren gerührt.

Wir waren immer unterwegs. Anfangs von Baustelle zu Baustelle, denn mein Vater hatte das Nomadenleben auch zu seinem Beruf erwählt. Von der Gegend um Lyon, wo wir uns mehrere Monate aufhielten, bewahrt meine Erinnerung graue Fassaden, die auf den Fluss blicken. Ich war noch klein, doch bis heute fühle ich den Schwindel, der mich erfasste, wenn ich von der Hängebrücke in Condrieu auf das trübe Wasser und die Strudel der Rhone hinabsah. Heiterer wurde der Wechsel nach La Rochelle. 1956 befanden sich dort noch amerikanische Militärbasen, für einen kleinen Jungen von nicht geringem Reiz! Ich lebte in dieser glücklichen Zeit wie ein Pirat auf seiner Insel. Das Haus erschien mir riesig und der Garten grenzenlos; er besaß sogar einen Froschteich und ein Bambusdickicht – ein echter Dschungel. Hier trafen wir die Vorbereitungen für unsere ersten Ferien in Carnac: Mein Vater schnitt Bambusrohr für Angelruten, während der Großvater die Rollen fertigte und Angelhaken befestigte. Denn wir lebten nicht nur wie Nomaden, sondern auch als Klan: drei Generationen unter einem Dach.

Auf die ersten Ferien in Carnac folgten viele weitere. Doch gab es in meiner Kindheit nichts Herrlicheres als diese Septembermonate in der Bretagne, wo ich die Männer der Familie bei all ihren Unternehmungen begleitete. Ich erinnere mich an Nächte, in denen wir auf der Halbinsel Quiberon zu Füßen des Forts de Penthièvre angelten. Vater und Großvater schritten in das brausende, zu dieser Stunde phosphoreszierende Meer. Ich sah zu, wie sie sich entfernten, bis die ersten Schauer des Schlafs mich erfassten; dann grub ich mir im trockenen Sand eine Mulde und schlief sogleich glücklich darin ein.

An »freien« Tagen unternahmen wir Spaziergänge zu den Alignements von Le Ménec, wohin schmale Wege führten, übersät mit Kalvarienbergen und Quellen. Diese Steinalleen lagen damals mitten im wilden Heideland, noch nicht erschlossen und reglementiert, ohne Touristen, nur ein paar Ausflügler, Honigduft

des Heidekrauts und Wind. Wir Kinder kletterten auf die Menhire – wie schon andere Kinder vor uns. Heute wäre das ein Sakrileg!

Im Jahre 1961 klügelten meine Eltern ihr anspruchsvollstes Ferienprogramm aus: eine Tour de France! Hätten sie eine Weltreise angekündigt, ich wäre nicht aufgeregter gewesen. Erste Etappe hinter Paris waren die Normandie und der Mont-Saint-Michel, ein nostalgischer Zwischenstopp in La Rochelle, dann die Landes, Biarritz, Hossegor, die Pyrenäen, Cassis und schließlich über die Route Napoleon zurück nach Norden. In den Calanques von Cassis entdeckte ich das Mittelmeer, sein klares Wasser, das in der Farbe von Pfefferminzbonbons schimmerte, und ich war hingerissen. Weniger dagegen meine Eltern: Die Gestade waren nicht nach ihrem Geschmack, zu heiß und zu verlockend zum Nichtstun – eine Todsünde bei uns! Daher frage ich mich, weshalb sie beschlossen, ein paar Tage mit der ganzen Familie an der Côte d'Azur zu verbringen. Alles war improvisiert, kein Hotelzimmer vorbestellt. Eine verrückte Idee! Wir fuhren den ganzen Tag die Côte d'Azur entlang und gelangten nach immer verzweifelterer Irrfahrt nach Monte Carlo, wo endlich ein Hotelzimmer frei war ... im Hermitage. Ein Glücksfall, von dem niemand etwas hatte. Mein Großvater erklärte kategorisch: »Bei den Reichen übernachte ich nicht!« Und wir schliefen im Auto. Meine Familie hatte ihre Prinzipien!

Jene Nacht in Monte Carlo bedeutete für mich das Ende der Ferien mit der Familie; danach reiste ich auf meine Art. Letztendlich jedoch bin ich mit meinem Reisegepäck zurückgekehrt zum heimatlichen Kirchturm. Ich sollte »Kirchtürme« sagen, denn ich besitze jetzt drei: einmal den burgundischen im Côte d'Or; hier stand mein Elternhaus. Dann kam durch Heirat der Kirchturm an der Ardèche hinzu. Und dazwischen der von Vézelay. Ihm statten wir einmal im Jahr einen Besuch ab. An jedem ersten Januar fahren wir frühmorgens nach Vézelay. So früh am Feiertag sind die Straßen menschenleer, es ist bitterkalt, und die Luft riecht nach geröstetem Brot und Holzfeuer. Immer steigen wir zur Basilika Sainte-Madeleine hinauf, schon allein um des Vergnügens willen, durch das wunderbare Licht des Kirchenschiffs zu schreiten. Wir verlassen die Basilika und schlagen einen kleinen Pfad ein, der unter dem unendlich weiten Himmel im Nirgendwo endet. In der vor uns liegenden Ebene rief der heilige Bernhard zum ersten Kreuzzug auf, und die ewige Idee des Aufbruchs schwebt noch immer über allem. Jedes Jahr spüre ich aufs Neue die Einladung, aufzubrechen, die Reise durch Frankreich neu zu beginnen.

Marc Walter

Rechte Seite: ein Abteil der ersten Klasse in einem der alten Eisenbahnwagen. Es fehlen nur die Kopfpolsterbezüge aus weißem Baumwollstoff, welche die Zeit nicht überdauert haben. »Werfen Sie rasch einen Blick auf die vier Fotografien in der Ecke: Berge, Fischerboote, die Altstadt von Carcassonne und den Arc de Triomphe oberhalb Ihres Platzes ...« (Michel Butor). Eines dieser Schwarz-Weiß-Fotos, angesichts deren man von weiteren Reisen träumte, war das der Basilika Sainte-Madeleine in Vézelay. Es zählte zu den beliebtesten Abteilbildern, hier *(oben)* auf einem Touristenprospekt vom Anfang der 1960er-Jahre.
Seite 8: Hommage an George Eastman-Kodak, Erfinder des ersten tragbaren Fotoapparats, der es jedem ermöglichte, seine schönsten Erinnerungen im Bild festzuhalten. Album und farbige Tasche für die kostbaren Abzüge mit dem gezackten Rand; alles trägt den Namenszug des Wohltäters so vieler Familien! *Im Bild:* der Autor mit seinen Eltern, 1950er-Jahre.

LA ROUTE FRANÇAISE
Carte Routière
Pour Cyclistes, Chauffeurs & Touristes
LA PLUS PRATIQUE, LA PLUS ÉCONOMIQUE
Le "PLEIN AIR
61 Rue Lafayette, Paris
CARTE SPÉCIALE
DES
CHEMINS DE FER ET DES ROUTES
DE LA
FRANCE
À L'USAGE DES VOYAGEURS
GRANVILLE
GRANVILLE
L'Eglise Notre-
GUIDE MICHELIN
Offert gracieusement aux Chauffeurs
1900

Einführung

»Versparen wir uns für spätere Zeiten die großen Weltreisen auf dem Rücken der Kamele im türkischen Sattel. (...) Heute ziehen wir von dannen, den Sack auf dem Rücken, (...) um das Land zu durcheilen, in den großen Himmelbetten der Gasthäuser zu schlafen, nach dem Regen die Vögel in den Bäumen zwitschern zu hören und sonntags die Bauersfrauen mit ihren großen weißen Hauben (...) unter der Kirchtür aus der Messe kommen zu sehen« (Gustave Flaubert, 1. Mai 1847).

Wie Flaubert und viele nach ihm haben wir Frankreich mit Flussdampfern bereist, mit den ersten Eisenbahnen und den Anfängen der Fotografie. Denn im 19. Jahrhundert halten Tourismus und Fotografie gleichen Schritt, beide entstehen und wachsen in einem Land mitten im Wandel. Vom Zweiten Kaiserreich bis zur Dritten Republik restauriert Frankreich seine Denkmäler und Städte und erschließt seine Naturschönheiten. 1900 ergreift niemand mehr vor den Lokomotiven die Flucht (!), die Kühnsten nehmen an Autorennen teil, und 20 Jahre später rasen Autonarren über die neu gebauten Straßen. Seit 1880 bieten die Eisenbahngesellschaften immer schnelleres und bequemeres Fortkommen an. Der Chemin de Fer du Nord bringt die Fahrgäste in drei Stunden nach Dieppe, die in Richtung Orleans setzt der Zug 15 Stunden nach der Abreise von der Gare d'Orsay in Biarritz ab, und die PLM verbindet in 17 Stunden Paris mit Nizza; alle Gesellschaften bieten mit der Hin- und Rückfahrt Ausflüge vor Ort an.

Es ist also ganz natürlich, dass wir den Schienenweg gewählt und, wie Bahnlinien und Reisende es stets zu tun pflegten, die Hauptstadt als Ausgangspunkt der großen Bilderreise durch die Regionen Frankreichs genommen haben. Die Schluchten des Tarn und die Steilküste von Etretat, die Alignements von Carnac und der Mont-Saint-Michel, die Loire und ihre Schlösser, die Côte d'Azur, das Baskenland, der Montblanc und der Cirque de Gavarnie – »Welch herrliche, Erinnerungen weckende Namen!«, ruft Henry Miller aus. »Wie viele Flüsse gibt es da zu überqueren, wie viele Käsesorten zu kosten – und alle möglichen Getränke. Käse, Weine, Vögel, Flüsse, Berge, Wälder, Schluchten, Klüfte, Kaskaden.« Und Städte, Stadtmauern, Kathedralen, Überreste der Antike, Dörfer wie Adlerhorste, Weinberge, Dünen, Moore ... Und das Meer: vier Meere! Eine solche Vielfalt kann nicht mit einer einzigen Rundreise ausgeschöpft werden; es gilt eine Auswahl zu treffen. Wie die Teile eines Puzzles fügen sich die Bilder dieses Buchs zu einem einzigartigen Ganzen zusammen, zu dem großen, farbigen Bild eines vielfältigen und hinreißenden Landes: Frankreich. S. A.

Linke Seite: die Ausstattung eines Frankreichreisenden von der Belle Epoque bis zu den 1930er-Jahren: Landkarten zum Bestimmen der Route, der unentbehrliche Michelin-Führer zur verlässlichen Auswahl von Hotels und Restaurants und eine Mappe mit Ansichtskarten (hier mit Bildern von Granville), Gegenstück zu den Amateurfotos, die man nur nahen Freunden und Verwandten zeigt.

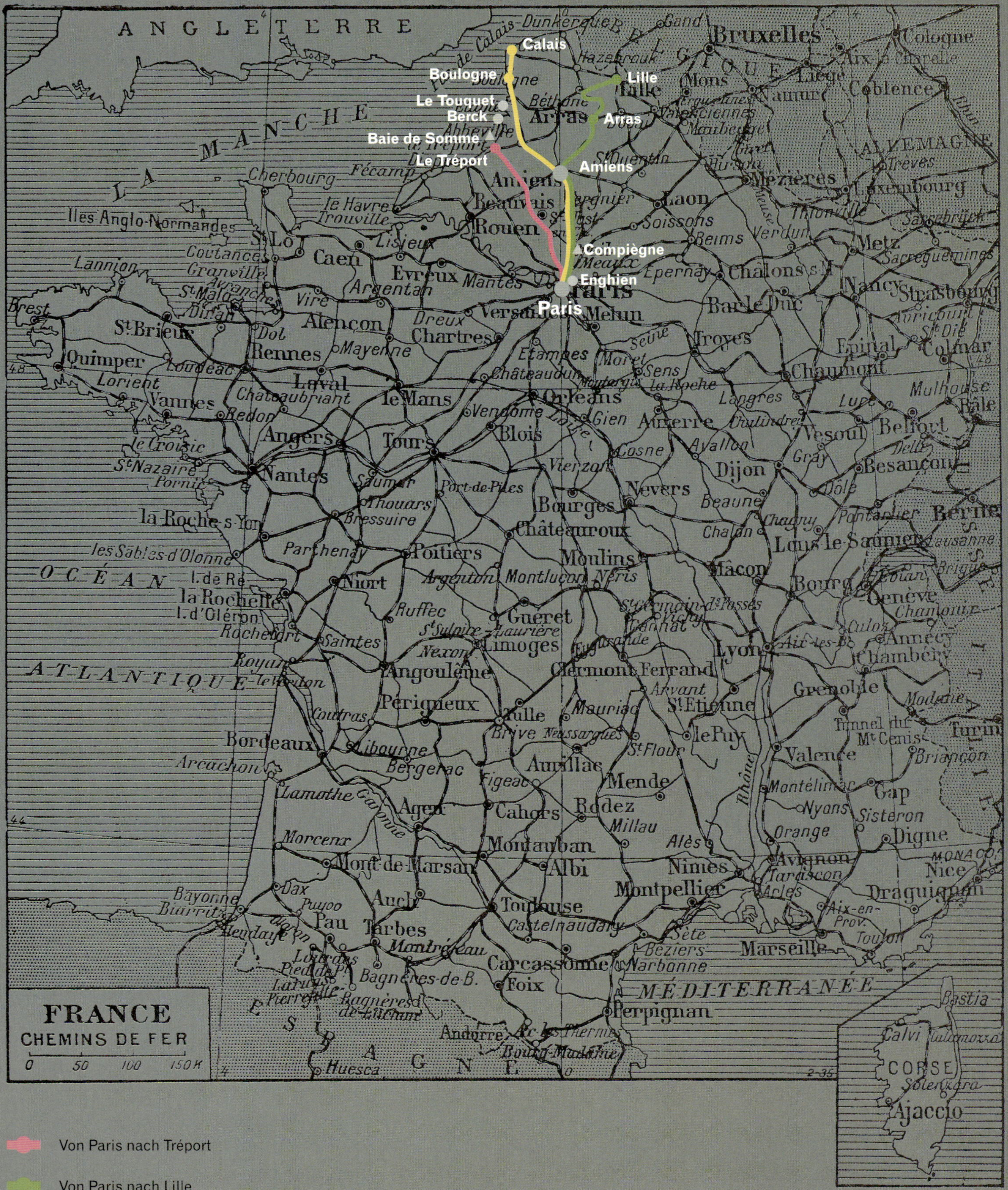

Von Paris nach Tréport

Von Paris nach Lille

Von Paris nach Calais

Sehenswürdigkeiten
und Denkmäler

Nach Norden

Oben: Gare du Nord, um 1890. Das Gebäude wurde zwischen 1861 und 1865 von dem deutschen Architekten Jakob Ignaz Hittorff erbaut. Mit seiner monumentalen Steinfassade ersetzte es die erste Bahnstation der Linie nach Norden, ein kurzlebiges Bauwerk von Léonce Reynaud, das in den Erfolgsjahren der Eisenbahn zwischen 1840 und 1860 hinfällig geworden war. Hittorff arbeitete mit Haussmann am Ausbau der Straßen und Avenuen zum Bahnhof; auch der Bau der Kirche Saint-Vincent-de-Paul ganz in der Nähe ist sein Werk.
Unten: ein paar eilig geschriebene Zeilen von »Aunt Bonner - Tante Bonner«, »*who's having a grand time*« – die »eine wunderbare Zeit« im Hotel Régina verbringt, angemessene Worte für eins der schönsten Hotels der Hauptstadt!

Die Weltausstellungen locken alle Welt nach Paris. 30000 bis 40000 Reisende trafen bereits Mitte des 19. Jahrhunderts täglich ein, fünf Ausstellungen in 45 Jahren verdreifachen, vervierfachen diese Zahlen. Ab 1889 – dem 100. Jahrestag der Revolution – zieht der Eiffelturm wie ein Leuchtfeuer Reisende in die Lichterstadt: »Gigantisches Feuerwerk der Weltausstellung!«, schreibt Blaise Cendrars. Dann folgen die »Années folles« der Belle Epoque, und man trifft sich in Paris: »O Paris, Hauptbahnhof, Güterbahnhof der Wünsche, Kreuzung der Unruhen«, schreibt Cendrars beschwörend in *Die Prosa von der Transsibirischen Eisenbahn*.

Paris bietet alles: das Vergnügen, Frauen beim Flanieren über die Boulevards zu beobachten – »nur die Pariserinnen verstehen es wirklich, zu Fuß auszugehen«, meinen Offenbachs Librettisten –, ebenso wie die Kultur der Gelehrsamkeit: »Paris ist ein großer Bibliothekssaal, der von der Seine durchströmt wird«, schreibt Walter Benjamin. Als das neue Jahrhundert anbricht, begrüßen in Paris die Futuristen das Zeitalter der Moderne und der Geschwindigkeit; im Grandhotel am Boulevard des Capucines verfassen sie ihr glühendes Manifest »unter orientalischen Lampen, mit Kupferhauben so durchbrochen wie unsere Seelen und Herzen, in denen elektrische Lichter aufflammen«.

Neben dem Bahnhof Saint-Lazare und dem dazugehörenden Grandhotel Terminus – Hotel der Transatlantikreisen-

PARIS
NOUVEAU PARIS
ITINÉRAIRE PRATIQUE DE L'ÉTRANGER DANS
ÉPINAY
GENNEVILLIERS
ASNIÈRES
CLICHY
COURBEVOIE
SEINE
FLEUVE
LEVALLOIS-PERRET
PUTEAUX
COURCELLES
CHAMPERRET
NEUILLY
BOULOGNE

den aus New York – tut sich die Eleganz der großen Kaufhäuser auf. Wenige Schritte von der Gare de Lyon und dem Train Bleu, ihrem berühmten Restaurant, überquert die Metro »Art Nouveau« von Guimard die Seine, dann noch einmal zwischen Passy und dem Eiffelturm. Hinter dem Bahnhof und dem Hotel Palais d'Orsay atmet der aristokratische Faubourg Saint-Germain noch immer Proust'sche Empfindsamkeit; in Montmartre und Montparnasse, vom Bateau-Lavoir bis zur Coupole, vom Moulin de la Galette bis zur Closerie des Lilas, stellen zahlreiche Künstler ihre Lebensart zur Schau. Pigalle ist der Name eines Bildhauers, bevor er zum Inbegriff des Cancans wird. Unter welchen Umständen auch immer: Paris ist ein Fest.

Versailles und sein Schloss – von den Bahnhöfen Montparnasse oder Saint-Lazare erreichbar – stehen bei einem längeren Aufenthalt erst am 15. Tag auf dem Besuchsprogramm des *Guide parisien* von Adolphe Joanne. Am 16. Tag kann dann die Entdeckung des Hexagons Frankreich beginnen.

Der Nordbahnhof ist Ausgangspunkt für die ständigen Feste des Zweiten Kaiserreichs, die in Compiègne gefeiert werden. Im Herbst startet dann von der Gare du Nord ein Zug

Rückschau auf die Weltausstellungen: *oben* die von 1878 mit einer zeitgenössischen Fotografie von Park und Palais Champ de Mars. *Linke Seite:* An die Weltausstellung von 1889 erinnert das Foto von Eiffelturm und Trocadero; die von 1900 stellt »dem Fremden« einen Plan für den Stadtrundgang zur Verfügung: »Das neue Paris und seine Bauwerke« einschließlich der Ausstellungspavillons, auf dem linken Seineufer zwischen Pont de l'Alma und Marsfeld gut zu erkennen. *Oben (im Rundbild):* Schloss Pierrefonds um 1880. Zu Beginn des 19. Jahrhunderts war es nur noch eine Ruine, nachdem es zwei Jahrhunderte leer stand. Der Ort Pierrefonds war damals ein beliebtes Thermalbad. Die Epoche liebte das Romantische, und so dienten die Schlossruinen beim Hochzeitsbankett von Louise, Tochter von Louis-Philippe, als Dekoration. Auf Wunsch Napoleons III. wurde das Schloss ab 1857 von Viollet-le-Duc restauriert, in »freiem Nachempfinden der mittelalterlichen Epoche«.
Als Faksimile: Eintrittskarten zur Weltausstellung von 1889.

mit sechs Wagen für das sperrige Gepäck und die großen Schachteln der Prinzessin von Metternich oder der Comtesse de Pourtalès, sechs Wagen der ersten Klasse für die Bediensteten und sechs Salonwagen für die geladenen Gäste. Zu ihnen gehört Flaubert nach dem Erfolg von *Salammbô*, und gleich bei seiner Ankunft wird er von der Kaiserin über das Kostüm seiner Heldin befragt, weil sie es zum Ball tragen möchte.

Von der Gare du Nord fährt man auch zur Côte d'Opale und ihrem milchigen Wasser; Ärmelkanal und Nordsee, die vereint gegen Cap Gris-Nez anstürmen, haben die Kreidefelsen ausgewaschen. An diese symmetrisch zu England liegende Steilküste schließt sich im Süden eine Reihe Landhäuser an, die mit ihren nicht umzäunten Rasenflächen an britische *cottages* erinnern. Sie stehen im Schatten eines Waldes, der während des Zweiten Kaiserreichs in Le Touquet-Paris-Plage, herrlich *old fashioned*, angelegt wurde.

Landeinwärts erstreckt sich eine von Kanälen durchzogene Marschlandschaft, und zwar das grüne Schachbrett der Hortillonnages, schwimmender Obst- und Gemüsegärten, die sich in Amiens bis zum »Markt auf dem Wasser« hinziehen, sowie das Gemüsegebiet mit den Watergangs (Wasserwegen) von Saint-Omer. Rathaustürme wetteifern hier mit Kirchtürmen und künden, bei aller Schönheit der Kathedrale von Amiens, von der Bedeutung profaner Baukunst und von einem Städtebau für Gemeinde und Handel: An beiden Plätzen in Arras wie vor der Alten Börse in Lille sind die Giebel mit Schnecken zum Aufhängen von Schildern verziert, und Arkaden schützen die Plätze für den Markt, doch ebenso für Feste. »Soll ich dir von meinen Jahrmärkten erzählen?«, fragt Paul Verlaine seinen Freund Lepelletier, »von homerischen Festmahlen und unmöglichen Bällen? Nein. Es bedürfte der Ironie von Féval oder des Zeichenstifts von Hogarth, um ein Bild zu malen von den seltsamen Kontertänzen. Und all das beim Lärmen eines Chaos-Orchesters: wahnsinnige Klarinette, heiseres Klapphorn, hemmungslose Geige und Triangel, ja tatsächlich, Triangel. (...) Dieses Orchester, lieber Freund, hat mich sechs Tage lang ununterbrochen tanzen lassen.«

Diejenigen, welche in den Norden reisen wegen der Hitze des Karnevals und der Jahrmärkte, wegen Bier und Wacholderschnaps, verlassen sich zuallererst auf ihre Füße. So Gérard de Nerval: »Alexandre Dumas hat nicht gelogen, dass ich acht Tage gebraucht habe, um auf der alten flandrischen Straße nach Brüssel zu laufen, dem Chemin de Fer du Nord zum Trotz.« A. R.

Drei Stunden von Paris und ebenso viele von London entfernt, zieht die Nordseeküste seit den 1860er-Jahren Touristen aus beiden Hauptstädten an. Boulogne-sur-Mer ist der wichtigste Transithafen zwischen Frankreich und England: Fährschiffe fahren zwischen den Felsküsten von Dover und denen der Côte d'Opale hin und her und gewährleisten den Anschluss an die Eisenbahn.

Oben rechts: Plakat des Chemin de Fer du Nord, Anfang 20. Jahrhundert.
Oben links: die einsamen Dünen von Berck-Plage, bekannter Luftkurort, 1905.
Rechte Seite: lang ersehnte Ankunft eines Fährschiffs am Kai von Boulogne, 1900.

Seien Sie bereit! Wir kommen zur Place Vendôme, und, wie bei der Esplanade des Invalides, erwarte ich von Ihnen einen Ausruf der Bewunderung. (...) Im 17. Jahrhundert beschloss Louvois, an dieser Stelle einen großen viereckigen Platz zu bauen (...). Aber das Geld fehlte, und um die Baufläche zu reduzieren, entschied Louvois, die Ecken zu kappen. So kam es zu diesem ungleichen achteckigen Platz, eine ganz neue Idee mit wunderbarer Wirkung. Zunächst schmückte Ludwig XIV. zu Pferde die Mitte des Platzes, dann folgte der Kaiser auf seiner Säule. Sie, immer wieder sie!, beschwor Victor Hugo (immer wieder er); die Pariser Kommune von 1871 stürzte sie; die Nationalversammlung von 1875 stellte sie wieder auf. Heute liegen rund um die Vendôme-Säule Ministerien, Banken, während (...) die vornehmsten Juweliere des Erdballs Diamant-, Rubin-, Saphir-, Perlen- und Goldgehänge kreieren, um die sich Radschas, ägyptische Prinzessinnen, Stars aus Europa und Amerika reißen.

André Maurois, 1960

Place Vendôme, Nobeladresse, Nr. 10 die Botschaft von Venedig, Nr. 12 die russische Botschaft: Chopin verbrachte hier seine letzten Tage, und Eugénie de Montijo harrte hier ihrer Vermählung mit Napoleon III. Im Hotel Bristol (Nr. 3 und 5), zugänglich nur auf allerhöchste Empfehlung, logierten der griechische König, die Herrscher Portugals und natürlich der Prinz von Wales, der spätere Eduard VII. Und bei der Einweihung des Ritz (Nr. 15) begegnete man der Comtesse de Pourtalès, »majestätisch und schwanengleich in ihrer weißen Robe mit langer Schleppe«. Drei Fünftel aller servierten Köstlichkeiten dieses Hauses bereitete der geniale Escoffier zu, die 130 Zimmer waren mit den 400 des Palais d'Orsay vergleichbar. Selbst der Maître d'hôtel wurde zur Legende, eine Theaterfigur und Prousts Informant für die Suche nach der verlorenen Zeit.
Die Parfümerie Pinaud befand sich in der Nr. 18, der Juwelier Boucheron in Nr. 26 und, ab 1907, in der Nr. 10 das bereits über 100 Jahre alte Haus Chaumet, das sämtliche Kleinode des Empires fertigte: das Schwert des Ersten Konsuls Bonaparte, verziert mit dem Diamanten »Le Régent«, Napoleons Krone ebenso wie die Tiara von Papst Pius VII. für die Krönungsfeier und ein paar Jahre später das kaiserliche Schwert.
Oben: anonymes Panoramafoto (um 1900). *Rechts:* mit Diamanten eingefasste Platinbrosche, 1900 von Joseph Chaumet gefertigt. Links: Briefmarke »Blumen und Parfums«, 1950.
Doppelseite 20/21: der Pont Neuf. Hier sprach der 73-jährige Impressionist Pissarro den erst 24-jährigen Othon Friesz an, später ein Fauvist, und ermutigte ihn, beim Salon des Indépendants auszustellen.
»Paris scheint nur für Künstler zu existieren«, sagte schon der Maler James Whistler.

PARIS. –
PARIS – Hôtel Continental. –

Hôtel Continental

3, Rue Castiglione, Paris

Madame la Comtesse de Roscoät

Paris, le 16 Février 1897

IMP. PÉQUÉREAU - PARIS

53	Dîners	25 "	132 "
25	Cigares	" 50	12 50
3	paq. Cigttes	1 "	3 "
55	Verres Punch	" 50	27 50
60	Verres Sirop	" 50	30 "
24	Thés	" 50	12 "
2	Musiciens		4 "
			1.455 "
	Pourboire		50
			[illegible]

QUITTANCES REÇUS ET DÉCHARGES 10c RÉPUBLIQUE FRANÇAISE

[illegible] LE CAISSIER

Les Notes sont payables au comptant.

Hotel »Palais d'Orsay«, Quai d'Orsay, weitläufiger Bau mit stattlicher Halle, in der noch frühmorgendlich verschlafene Stimmung herrschte (...). Obgleich es üppige Appartements zu bieten hat, ist es vorwiegend Touristenhotel, für längeren Aufenthalt nicht eingerichtet. Auch ist es Festlokal des Pariser Mittelstandes, beliebter Schauplatz von Hochzeitdiners, Vereinsbällen und dergleichen erhitzenden Veranstaltungen mehr, deren sich täglich mindestens eine hier abspielt. Dann stehen befrackte Diener, goldene Ketten um den Hals, empfangend und wegweisend auf allen Podesten, auf den Treppen flirtet die Jugend, und die Musik ist miserabel.

Thomas Mann, 1926

Oben: Speisesaal für 300 Gedecke im Hotel Palais d'Orsay, sieben große Fenster mit Blick auf die Seine, die Concorde und die Champs-Elysées. Der verspiegelte Paravent aus Nussbaumholz am Saalende trennt das Restaurant vom Speiseraum für Gäste. Er kam in das Musée d'Orsay, das Dekor mit Illustrationen der Jahres- und Tageszeiten verblieb im heutigen Museumsrestaurant. *Rechte Seite:* 1898 wurden im Grandhotel auf den Etagen und in einigen Appartements Badezimmer installiert. Die 700 Zimmer und sämtliche Uhren sind bereits seit acht Jahren elektrifiziert. Als dann 1901 Zentralheizung hinzukommt und auf den Etagen kein Holz mehr in Körben verkauft wird, nimmt dieses bunte Treiben ein Ende. Der Komfort hat nicht nur Vorteile, manche Gäste beklagen sich im »Beschwerdebuch« über ungünstig gelegene Zimmer. *Seite 24 unten:* zwei der 480 Zimmer des Continental zwischen Wintergarten, maurischem Salon im Alhambra-Stil und dem riesigen gepolsterten Aufzug, der den Gast in das zur damaligen Zeit einzigartige Panorama-Dachcafé von Paris befördert. *Oben:* Hotelzimmer des Herzogs von Aumont, von Crillon und dann von Polignac, das heutige Hotel Crillon, wo im Adlersalon die Decke erhalten blieb, ebenso das Dekor von 1775 in einer Zimmerflucht zur Boissy-d'Anglas-Straßenseite. *Seite 25:* Rechnung einer vornehmen Kundin des Continental, einer Tabak-, Punsch-, Sirup-, Tee- und Musikliebhaberin!

GRAND HÔTEL Paris
1899.
GRAND HÔTEL
PARIS
12, BOUL.D DES CAPUCINES
Chambre
Opéra
4 Etage
Scribe

NEW YORK
NEW YORK
DEMENAGEMENTS
AM

GRAND HOTEL
2104-E8

DER JUNGE MANN AUF DEM BALKON IN DER OPÉRA, IN GELBEN HANDSCHUHEN, DER SEINE LORGNETTE AUS SCHWARZEM SCHILDPATT ZURECHTRÜCKT und, weit über die Brüstung gelehnt, ins Parterre blickt, als suche er ein Wesen aus fernen Landen, ist ein Tourist. Vor zwei Monaten applaudierte er in Sankt Petersburg der Taglioni; sehen Sie nun, wie er bei jeder anmutigen Drehung der Essler frenetisch mit seinem Spazierstock schlägt. Wissen Sie nicht, dass er im vorigen Jahr eines Abends die Variétés verließ, um die Odalisken in ihrer eigentlichen Heimat tanzen zu sehen?

Roger de Beauvoir, 1853

Von zwei Abonnementstagen an der Oper brachte der Marquis de Castellane den Montagabend in Mode. Die Sessel im Orchester waren den Herren, weiße Nelke oder Mohnblume im Knopfloch, vorbehalten, die Damen verließen niemals ihre Logen (*oben*), diesmal mit Diadem oder Perlenstrauß statt der üblichen ausladenden Hüte. Dazu Proust: »In den anderen Parterrelogen aber hatten sich fast überall die weißen Gottheiten, die diese düstern Grotten bewohnten, in die Nähe der dunklen Rückwand geflüchtet und blieben unsichtbar (...) hinter dem heiteren leichten Rieseln und Schäumen der Straußenfederfächer und dem von Perlen durchflochtenen dunkeln Violetton der Haarfrisuren (...), die sich unter dem Wogenschlag einer Flut geneigt zu haben schienen; dann folgten die Orchesterfauteuils, der Sitz der Sterblichen ...« Der Abonnenteneingang befand sich in der Rue Halévy, die Wagen fuhren bis zur Säulenhalle vor, wie die Säulen im Großen Foyer (*rechte Seite*) Teil des Spektakels.
Als Vignette: Theaterfernglass, Anfang 19. Jahrhundert.
Doppelseite 28/29: der Opernplatz um 1920. Durch die rund um den Damensalon des Grandhotels angeordneten blinden Spiegel konnten die weiblichen Gäste exklusiv und ungesehen das bunte Treiben verfolgen.

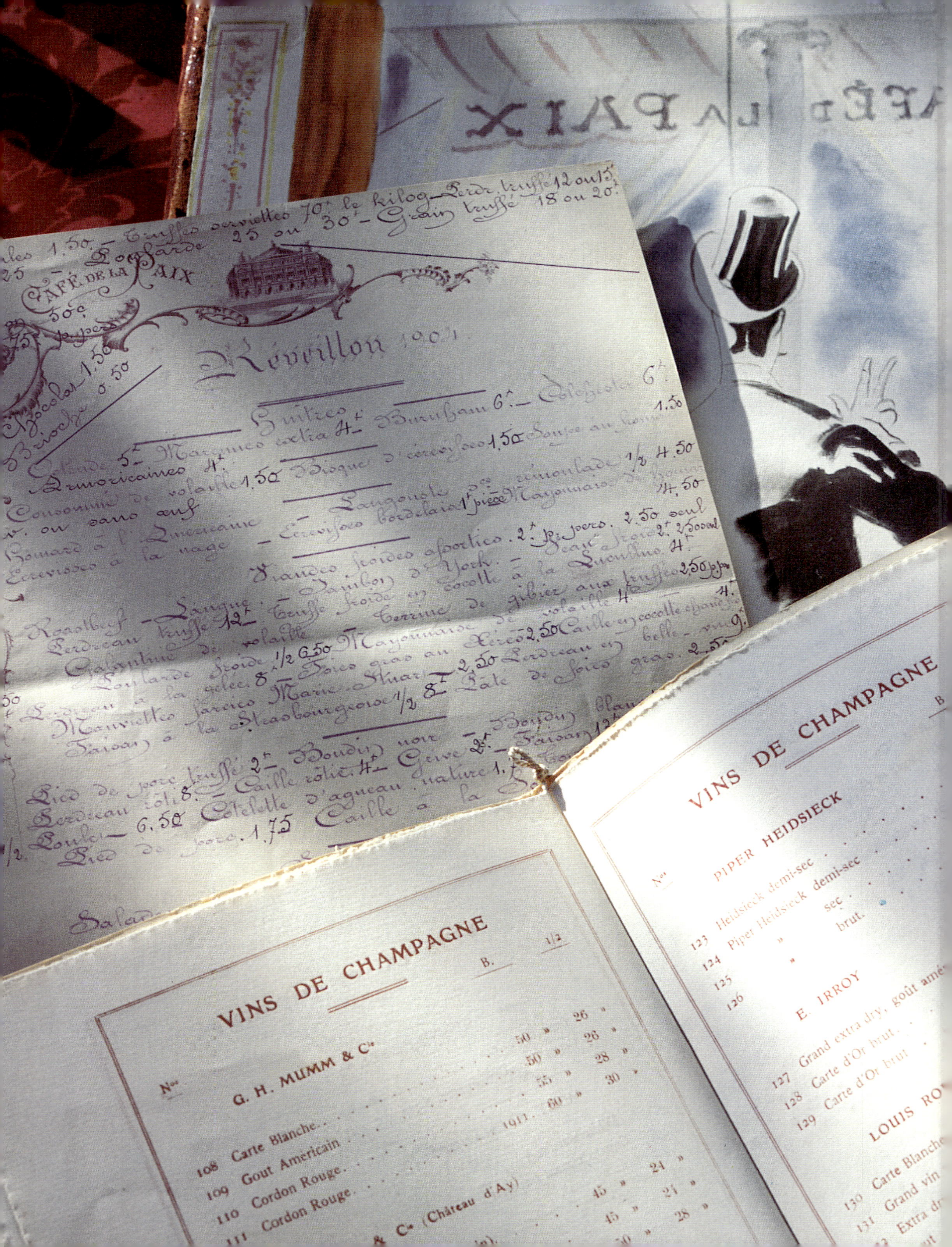
CAFÉ DE LA PAIX
Réveillon
Huîtres
VINS DE CHAMPAGNE
B.
1/2
Nos
G. H. MUMM & Cie
108 Carte Blanche
109 Gout Americain
110 Cordon Rouge
111 Cordon Rouge
& Cie (Château d'Ay)
VINS DE CHAMPAGNE
No
PIPER HEIDSIECK
123 Heidsieck demi-sec
124 Piper Heidsieck demi-sec
125 » sec
126 » brut.
E. IRROY
128 Carte d'Or brut.
129 Carte d'Or brut

Eines Nachmittags sass ich auf der Terrasse des Café de la Paix und betrachtete den Glanz und die Schäbigkeit des Pariser Lebens und bewunderte hinter meinem Glas Wermuth das merkwürdige Panorama von Stolz und Armut, das sich vor mir entwickelte.

Oscar Wilde, 1887

Rechts: Art-nouveau-Dekor im Restaurant Maxim's.
Entlang der Bänke des langen, schmalen Saales, »Omnibus« genannt, schreiten die Edelkurtisanen, Cléo de Mérode und Liane de Pougy, zum Klang der Zigeunerkapelle Boldi. Hierher kommen die Opernabonnenten nach der Vorstellung zum Diner, Kunstkritiker, Politiker, Startänzer und Ballerinen, während Maler und Karikaturisten wie Sem, Boldini oder Forain sie skizzieren.
Als Vignette: Zeichnung von Sem, Ausschnitt einer Menükarte des Maxim's, um 1910.
Linke Seite: Das Café de la Paix, Anfang 1863 eröffnet, herrlich gelegen an der Ecke des Grandhotels, mit drei großen Fenstern zum Opernplatz. »Ein wunderschöner Palast, jedermann zugänglich«, begeistert sich Auguste Lepage 20 Jahre später. Es fasst bequem 1000 Besucher, 115 Nischen schaffen Intimität.

Ende des 19. Jahrhunderts übernimmt M. Millon, bereits Eigentümer des Restaurants Ledoyen, das Etablissement, dessen Silvestermenü von 1904 hier abgebildet ist. Die Weinkarte des Grandhotels (*unten*) ist dem Geschmack der ausländischen Klientel angepasst, vorwiegend Amerikaner, was André Léo im *Paris Guide* zu folgender Bemerkung veranlasst: »Man reist von New York ins Grandhotel, wo man an Land geht, sich orientiert, sich informiert.«
Als Faksimile: die erste Seite einer Rechnung des Grandhotels. Insgesamt waren es zehn ...

Wenn die Nacht kommt, das Herz leer ist, die Einsamkeit zu schwer wird, zieht es einen unweigerlich hinauf zu dem lärmenden Lichtermeer, zu dem Dröhnen der Negerbanjos, der klagenden Tangos und der russischen Gitarren. Ich habe so manche Nacht in unruhiger, erschöpfender Anspannung zugebracht. Ich wurde getrieben von einer Kraft, die ich weder besiegen noch verstehen konnte. Und dann ganz plötzlich verlor das Gift seine Zauberkraft. Ich hatte mit einem Male genug von diesen seichten Melodien, diesem grellen Geflimmer, diesen vom Alkohol benebelten Männern, den leichten Frauenzimmern. Aber Montmartre ließ mich nicht los.

Joseph Kessel, um 1930

Oben: Place Blanche (um 1900), hier wird an einem Sonntag im Oktober 1889 das Moulin Rouge, Ballsaal und Konzerttheater, eröffnet. Um 21.30 Uhr Auftritt der Tanzkünstler: La Goulue mit Valentin, dem Schlangenmenschen; ihm, der nur zum Spaß, ohne Gage tanzt, schlägt sie mit dem Fuß den Hut vom Kopf; Jane Avril, genannt La Mélinite, »zart und blassfarben wie eine Narzisse«, so beschreibt sie Yvette Guilbert, die Dame mit den schwarzen Handschuhen, die nicht tanzt, sondern Bruant und Jean Lorrain singt. So faszinierend, dass Toulouse-Lautrec sich in der nur zwei Schritte entfernten Rue Frochot niederlässt.

Rechte Seite: Programmhefte, die an das Moulin Rouge erinnern: um 1900 *(links)*, 1910 *(Mitte)*, 1926 *(oben)*. 1909 kreiert Mistinguett *(oben links und Vignette unten)* im Moulin Rouge den Schunkelwalzer. Die Revue *Ça ... C'est Paris* stellt 1926 den Höhepunkt ihrer Karriere dar. Die Miss ist nunmehr »Nationalbesitz«, wie Colette sagt, »Resümee von Paris« laut Cocteau, Botschafterin Frankreichs – genauso wie Maurice Chevalier, wenn er, in Nord- und Südamerika, im Pariser Jargon *My man* trällert.

ÇA... C'EST PARIS
REVUE
DE
M. JACQUES CHARLES
Produced by EARL LESLIE
Costumes dessinés par GESMAR
et exécutés dans les ateliers du
Moulin-Rouge sous la direction de
MISTINGUETT
25c
MOULIN
ROUGE

DEPOT
Lipp
BIERE
Lipp
M
HATT
LIPP
BRASSERIE
LIPP
BRASSERIE LIPP

Das Pariser Hotel Triangulaire lag gegenüber von Saint-Germain-des-Prés. Sonntags gingen wir ins Deux Magots und sahen die Leute durch die Drehtür hereintanzen, wie Eleven der Opéra, und die Franzosen ihre Zeitung lesen. Im Lipp unterhielt man sich übers Ballett oder auch übers Sauerkraut, und die verbleibende freie Zeit verbrachte man mit Büchern und alten Stichen in der feuchten Rue Bonaparte.

Francis Scott Fitzgerald, 1934

Die lange Reihe der Bouquinisten, die Kaimauer dient als Buchregal, wunderbar skizziert von Walter Benjamin: »Denn über die kahlen Seine-Quais hat sich seit Jahrhunderten der Efeu gelehrter Blätter gelegt.« *Nebenstehend:* Postkarte von 1910, und darüber, an den Quais aufgestöbert, ein *Guide de Paris* von 1898 und eine Ausgabe von *Voyage en France* (1906).

Linke Seite: im Lipp. Giacometti zeigt Sartre und Simone de Beauvoir die überladenen Wände: »Nicht ein freies Fleckchen! Absolut voll!« Vor den Keramiken und Mosaiken, die sein Vater und sein Onkel vor 30 Jahren angebracht haben, sieht Léon-Paul Fargue André Gide allein speisen, André Derain in Begleitung von Malern und Modellen, Léon Blum mit seiner Frau; sein Kommentar: »Das Lipp ist mit Sicherheit einer der Orte, vielleicht der einzige, an dem man für eine Halbe bestens über das politische und intellektuelle Tagesgeschehen Frankreichs informiert wird.« So gut, dass das »Lippsche Personal« die Leute um halb zwei Uhr morgens praktisch rauswerfen muss. Roger Cazes (*stehend, in der Mitte*, in den 1930er-Jahren) verewigte seine Brasserie, indem er einen Literaturpreis ihres Namens stiftete.

Doppelseite 36/37: Brunnen, der Maria von Medici an die Grotte der Boboli-Gärten in Florenz erinnerte, zu beiden Seiten die von Blattwerk verdeckten Figuren der Rhone und der Seine. Reynaldo Hahn, Liebling der Belle Epoque, der Proust die musikalische Begleitung zu dessen *Malerporträts* lieferte, ging bisweilen abends mit Gabriel Louis Pringué bis zum Luxembourg, »um durch die verschlossenen Gittertore der süßen Klage des vom Mondlicht beschienenen Medici-Brunnens zu lauschen. Welch wundersames Zwiegespräch.«

S BECKET

Die Closerie des Lilas war das nächstgelegene gute Café (...), und es war eines der besten Cafés in Paris. Im Winter war es drinnen warm, und im Frühling und Herbst war es draußen wunderbar mit den Tischen im Schatten der Bäume auf der Seite, wo das Denkmal des Marschalls Ney war, und an den viereckigen Tischen unter den großen Markisen am Boulevard. Zwei der Kellner waren gute Freunde von uns. Leute aus dem Dôme und der Rotonde kamen nie in die Closerie. Hier war niemand, den sie kannten, und wenn sie gekommen wären, hätte sie niemand angestarrt. In jenen Tagen gingen viele Leute in die Cafés an der Ecke des Boulevard Montparnasse und des Boulevard Raspail, um von allen gesehen zu werden, und in gewisser Weise waren solche Cafés die Vorlagen der Klatschkolumnisten – täglicher Ersatz für die Unsterblichkeit.

Ernest Hemingway, um 1930

Linke Seite: die Closerie des Lilas, in die schon Ingres zu Beginn des 19. Jahrhunderts seine Modelle führte; wo Paul Fort, »der Dichterfürst«, Anfang des 20. Jahrhunderts jeden Dienstag Lesungen abhielt; wo die Surrealisten, »Schrecken des Boulevard du Montparnasse« laut Zeitungsjargon, 1925 Claudel beim Bankett Saint-Pol Roux ausbuhten; wo in den 1970er-Jahren Mick Jagger zu finden ist. Auf dem Foto sieht man den »Platz« von Beckett, Mitglied der Pariser »Internationale der Kultur« – Reisende, die sich hier für mehrere Monate oder Jahre niederlassen.

Oben, Fächer und Foto: Das legendäre Montparnasse-Lokal La Coupole, Café im Erdgeschoss, Dancing im Untergeschoss, Restaurant auf der Etage; auf dem Dach war sogar ein Boulodrome. Die Pfeiler der Brasserie wurden von Othon Friesz, Marie Vassilief, Isaac Grünewald, Moise Kisling und anderen gestaltet. Die gesamte Pariser Schule aus aller Herren Länder fand sich hier ein. Am Eröffnungsabend des 20. Dezember 1927 waren bereits um Mitternacht 1500 Flaschen Mumm »Cordon Rouge« geleert.

RESTAURAN

Souvenir

Chantilly mit seiner weiten Rasenfläche, seinem Gürtel aus Eichen und Linden, seiner weißen Häuserzeile, aneinander gereiht, als wollten sie den großen Fürsten respektvoll passieren lassen, der diese Linden, diese Eichen gepflanzt, diese weißen Häuser gebaut hat; der Wald, der Marktflecken, das Schloss, all das in eine Zone des Lichts und der Dunkelheit geteilt. Der Wald von Sylvie und das von diesem Wald gekrönte Schloss lagen im Schatten. (...) Die abgestuften hellen Töne tauchten das Glacis in zartviolettes Licht, so dass sich die Rabatten in den gleichen klaren Linien abzeichneten wie bei Le Nôtre, wenn er sie mit Elfenbeinlineal und Chinatinte auf dem Velin zog.

Léon Gozlan, 1856

Park und Schloss von Chantilly im Jahre 1906. »Wie eigenartig mutet doch das große Tor an, das sich zum Rasen des Schlosses hin öffnet; es sieht aus wie ein Triumphbogen und das Gebäude daneben wie eine Basilika, aber es ist nur ein Pferdestall«, schreibt Gérard de Nerval. Den Pferdestall für 220 bis 240 Pferde und die riesige Kuppel über der Reithalle, wo nunmehr die Rennen um den Prix de Diane und den Preis des Jockey Clubs ausgetragen werden, ließ der Prinz von Condé zwischen 1720 und 1736 bauen.

Doppelseite 42/43: Konzert im Chalet am See von Enghien-les-Bains um 1900. »Der Bahnhof von Enghien ist sicherlich der meistfrequentierte im Raum Paris. Die Züge, die von der Place La Fayette abfahren, befördern während der Hochsaison eine beträchtliche Zahl Reisende, oftmals mehr als 6 000 an einem einzigen Tag«, schreibt La Bédollière. Vom Bahnhofsperron führen sandige Alleen zum Wald, zu Segel- und Bootsfahrten, Ausritten zu Pferde oder Esel … oder zum Kasino, seit Louis Philippes Verboten das für die Pariser nächstgelegene. Hier trifft man Dom Pedro von Portugal oder Königin Maria Christina von Spanien.

LE TRÉPORT, IN DER HOCHSAISON EIN BELIEBTER, VIEL BESUCHTER BADEORT, nur knapp drei Bahnstunden von Paris entfernt. Hier sind fast so viele Badegäste wie Kieselsteine! Man logiert in den zahlreichen Hotels jeder Kategorie und Preisklasse. Wer nicht selbst kochen will, setzt sich an weiße Holztische in ein Gartenlokal, das an die Pariser Vorstadt erinnert. (...) Hoch oben auf dem Steilfelsen wurde einige Jahre vor dem Krieg ein riesiges, vornehmes Hotel gebaut, zu dem eine Drahtseilbahn hinauffährt. Von seinen Terrassen blickt man über das Meer ...

Paul Gruyer, 1922

Oben und rechte Seite: Le Tréport (1900), so leer, so still. In den 1840er-Jahren ließ Louis Philippe dort die erste Villa bauen, in der er zweimal Königin Viktoria empfing, auf Staatsbesuch in Frankreich. Da der Badeort nur 172 km von Paris entfernt ist, schlägt er heute Besucherrekorde. Auf den Seiten aus dem *Guide Joanne* der Normandie (1913/1914) der Familienstrand von Fort-Mahon, in der Bucht von Authie, am gegenüberliegenden Ufer in Berck. Im Hintergrund der Umschlag eines Führers von 1898, *Les Petits Trous pas chers* (Günstige Fleckchen). *Doppelseite 48/49:* Die Bucht der Somme, ein flüchtiges Spiel von Wind, Gezeiten und Lichtreflexen; selbst Degas, sonst kaum an Landschaft interessiert, ließ sich hier zu einem Dutzend Seebilder anregen. 1908 stieg über dem Strand ein Segelflieger auf, gezogen von einem Pferd. Ihm folgten die Flugzeuge der Gebrüder Caudron; ihre Flugschule war eine Attraktion für Sportler, für die Loopings von Adrienne Bolland und die vornehme Gesellschaft des Hotel Picardy in Le Crotoy.

Le Tréport
" Les petits trous pas chers "
QUEND-PLAGE.
78
79
FORT-MAHON-PLAGE
(SOMME)
Photo Poulet.
Fort-Mahon-Plage.
FORT-MAHON, hameau de la commune

Durch das schöne Tal des Thérain fahren wir Richtung Abbeville. Trotz des Nebels und des Regens, Vorboten des nahen Meeres und Englands, ist die Vegetation hier nicht so üppig wie in der Normandie. In Montreuil wird sie spärlicher, zu einem tristen, grauen Allerlei, wie vom Salz des Meeres überfroren. Diese Kleinstadt ist ganz englisch. Die Kinder sind blond, die Frauen rothaarig. Die meisten Schilder sprechen nicht mehr Französisch (...). Boulogne ist nicht mehr Frankreich. Man wähnt sich bereits auf der anderen Seite des Kanals. Am Ende dieser traurigen Straße eine so fröhliche, so saubere, so reiche Stadt zu finden, allein das weist darauf hin, dass sie eines der zahlreichen Landgüter Englands auf dem Kontinent ist.

Jules Michelet, 1893

Oben: Krankenbahren mit Sonnendach und Esel, Krücken neben Sandburgen; seit anderthalb Jahrhunderten teilen sich in Berck Kranke und Gesunde den zwölf Kilometer langen Strand (1890).
Rechte Seite: Boulogne-sur-Mer, Anlegestelle für Schiffe aus Deutschland und England auf ihrem Weg nach Südamerika, Calais' Rivalin um englische Reisende zur Côte d'Azur und in die Schweiz. Ein »Flirt«, damals nur auf französischem Boden möglich, daneben Kabinen, die von Pferden bis zum Saum der Wellen gezogen wurden, um die Scham der weiblichen Badegäste nicht zu verletzen (Foto von 1907).

Doppelseite 52/53: Festsaal des Kasinos von Malo-les Bains. Der nördlichste Badeort entstand 1870 auf Wunsch seines Namensgebers, Thomas-Gaspard Malo; der Reeder hatte 1832 Dom Pedro, Kaiser von Brasilien, zwei Schiffe zur Verfügung gestellt, damit dieser seiner Tochter Doña Maria auf den portugiesischen Thron verhelfen konnte. Erste Begegnung mit dem brasilianischen Gast, den wir im Gold schwimmend in Offenbachs *Pariser Leben* wiedersehen, wie er sich den Pariser Nächten hingibt und unbedingt auf den Ball von Asnières will.

Auf dem Rückweg von Douai, Richtung Arras, sieht man einen schönen Turm, vermutlich der des Rathauses. Meines Wissens gibt es in allen flandrischen Städten architektonische Meisterwerke der Goldschmiedekunst, wie in Brügge, Brüssel etc. Man sehe sich ihre Trinkgläser an: wahre Kunstwerke in Form und Farbe und in ihrem Klang.

Hippolyte Taine, 1865

Nebenstehend: Die ehemalige Börse, schönster Bürgerpalast von Lille, aus spanischer Zeit; 24 über Arkaden errichtete Häuser bilden einen quadratischen Platz, der für den Verkehr gesperrt, für Fußgänger jedoch durch ein Tor auf jeder Seite zugänglich ist (um 1900).

Linke Seite: Arras, der große Platz zu Beginn der 1920er-Jahre. Handelsstädte vermochten es von jeher, dem Reisenden – ob Kaufmann oder Wanderer – Schutz zu bieten, und der Tourist profitiert davon, kann er doch im Schatten der Arkaden, ohne von der Sonne geblendet zu werden, die verzierten Giebel und die Harmonie der glatten Fassaden bewundern. Zwischen den beiden Städten rivalisiert der Belfried von Douai höhenmäßig mit dem Riesen Gayant, der am ersten Sonntag im Juli in die Stadt einfällt, wenn die Marktplätze dem Karneval »Platz« machen.

Von Paris nach Dieppe

Von Paris nach Trouville und Cherbourg via Lisieux

Von Paris nach Granville

Von Paris nach Le Havre

Von Paris nach Les Sables d'Olonne – Le Croisic – Pornic via Nantes

Von Paris nach Saint-Malo und Brest via Rennes

Sehenswürdigkeiten und Denkmäler

Nach Westen

Rechts: das Saint-Lazare-Viertel um 1910, im Hintergrund der Bahnhof. Der erste hölzerne Bahnsteig der Linie Paris-Saint-Germain-en-Laye wurde 1837 im Europaviertel gebaut; später weicht er einem Gebäude aus Stein. Der heutige Bahnhof, ein Werk des Architekten Alfred Armand, »ähnelt – laut Jean Dethier – eher einem Provinzhotel als einem Pariser Bahnhof«. Diesen Eindruck vermittelt auch das Foto, auf dem im Vordergrund das Grandhotel Terminus-Saint-Lazare zu sehen ist und direkt dahinter der Bahnhof. *Als Vignette:* Erster-Klasse-Coupon für die Strecke Paris-Brest mit der Staatlichen Eisenbahnlinie im Jahre 1935, das heißt zwei Jahre vor der Gründung der SNCF.

Gustave Flaubert holt am 1. Mai 1847 seinen Freund Maxime du Camp zu Hause ab, Place de la Madeleine. Von dort gehen sie zu Fuß zum Bahnsteig Orleans, dem späteren Bahnhof Austerlitz, und nehmen den Zug nach Blois. Auftakt einer viermonatigen Wanderung über Stock und Stein durch die Bretagne und die Normandie, zunächst an der Loire, dann entlang der Küste und zum Schluss an der Seine. Chateaubriands *René* hat die Bretagne in Mode gebracht: Die »ungestüme Leidenschaft« des romantischen Helden erweckt Begeisterung für Wasser und Wellen, am liebsten im Gewittersturm mit Blitz und Donner und tiefer Finsternis. In Saint-Malo suchen die beiden Freunde Chateaubriands Geburtshaus, dann auf der Insel Le Grand Bé sein noch leeres Grab, schon jetzt der Flut trotzend. Die Bretagne ist der mystische Inbegriff tosender Meeresbrandung, und bald wird auch Victor Hugo von den Felsen Jerseys und Guernseys seine Stimme erheben. In der Bucht des Mont-Saint-Michel wacht die Inselkathedrale über den tiefgläubigen Westen.

50 Jahre später bricht Proust vom Bahnhof Saint-Lazare nach dem imaginären Balbec auf, seiner Quintessenz eines Landes, das sich von Trouville nach Cabourg erstreckt. Im Gegensatz zu unseren strammen Wanderern ist der Bahnhof für ihn ein »von Tragik durchwehter Ort«, von dem man

zwar gern wegfährt, sich aber zugleich nach seinem vertrauten Schlafgemach sehnt, und das Glasdach über den Bahnsteigen gilt ihm als ein apokalyptischer Himmel, »unter dem sich einzig ein Akt von furchtbarer Feierlichkeit vollziehen kann wie eine Abreise mit der Eisenbahn oder die Kreuzerhöhung«! Dennoch fährt er in die Normandie zur Sommerfrische: ins mondäne Grandhotel oder ins Hotel Les Roches Noires, zwischen Golfspiel und Kasino, das in der wilden Bretagne nur in Dinard und La Baule zu finden ist. Zur Teestunde lässt man den vornehmen Reisenden raten: »Wenn Sie Maler wären?«

Dann wäre die Normandie impressionistisch. Liegt es am besonderen Licht der Seine, dass Monet, der Pariser, in Le Havre das Bild *Impression – Sonnenaufgang* malt, nach dem der Impressionismus benannt worden ist? Boudin, Sohn von Honfleur, Courbet, Bazille begegneten dort Baudelaire, der seine *Einladung zur Reise* schrieb – an der Côte de Grâce mit ihrem Panorama, das dem Engländer Bonington, dem Holländer Jongkind, Marquet und Dufy als Vorlage diente. Die Bretagne wäre dann im Stil der Nabi-Maler, ganz im Sinne ihrer Religiosität. Der im Bois d'Amour von Pont-Aven gemalte »Talisman« faszinierte Gauguin und viele andere Jünger, die aus Schweden, Finnland, den Vereinigten Staaten in den winzigen Flusshafen am Fuße eines Felsenmeers kamen, der erst nach 1862 durch den Bau der Bahnstrecke nach Quimper über Quimperlé erreichbar wurde.

Spaziergang in der Normandie während der Belle Epoque. *Très chic*, zählt Trouville, die wahre »Strandkönigin«, bereits 1875 zu den bedeutenden Thermalbädern Frankreichs. Nach 1910 tritt es in einen erbitterten Wettstreit mit Deauville, seiner jungen Rivalin.

Ganz oben: Plakat von Guydo für das Eden-Casino, um 1900, und Foto der Mole von Trouville um 1890.
Linke Seite: Honfleur um 1911, bedeutender Fischerhafen und zugleich bezaubernder Ferienort mit seinen Turmhäusern und winkeligen Gassen. Im Bild das schöne Gebäude der Lieutenance (ehemaliges Gouverneurshaus) und der Hafenkai.
Oben: An der Grenze zwischen Bretagne und Normandie der Mont-Saint-Michel und seine Kleinbahn, um 1890: Juwel und Zankapfel beider Regionen.

Von Chartres pendelte Corot, Meister der Landschaft, zwischen dem Modegeschäft seiner Mutter in der Rue du Bac und den Gestaden der Côte de Grâce; als Erster malte er dort den Kalvarienberg. Über »die hohe Dünung und die wogenden Kornfelder« der Beauce machte er sich wie die große Schar der Pilger auf zur stummen Prozession der 10 000 Statuen der Kathedrale aus dem 12. Jahrhundert. In Versailles regierte eine zeitliche Macht in einem Palast, den ganz Europa im 18. Jahrhundert unermüdlich zu kopieren versuchte. Nicht wenige rivalisierende Königshäuser ruinierten sich dabei derart, dass, wie Montesquieu bemerkte, »die Bauwut, viel mehr als zerstörerische Kriege, die Überlegenheit Frankreichs begründete«.

Nantes, die Stadt der Herzöge der Bretagne, rebellisch und republikanisch, hat eine reiche Vergangenheit, vor allem dank ihres lebhaften Handels und Hafens. Ihr architektonisches Erbe ist geprägt vom 17. und 18. Jahrhundert, einer Epoche großen Wohlstands. Nach den Wirren der Vendée-Kriege und des Kaiserreichs erlebte Nantes friedlichere Zeiten. *Oben rechts:* die schöne Treppe der Pommeraye-Passage, die zur Börse und zu den Kais führt. Diese 1843 erbaute verglaste Galerie geht auf die belebteste Straße von Nantes hinaus, die Rue Crébillon.

Oben links: heimelige Atmosphäre einer Familienpension in Pornichet (um 1890), einem der meistbesuchten Strände in der Gegend von Nantes. *Unten:* bukolisches Plakat der Eisenbahn von Orleans (1920er-Jahre) nach La Baule. *Medaillon:* aus Quimper, dem »Herzen der Bretagne«, Ansicht der Rue Kéréon, 1912. *Linke Seite:* unpassende Bekleidung, aber guter Sonnenschutz für die Passagiere des Ausflugsdampfers *Wisy*, der zwischen Pornic und Noirmoutier verkehrte, Foto von 1905.

Hier sind es noch wirkliche Dinge, hier ist noch dieser Park von Versailles, den man so gut kennt, seine Wasserbecken, die ebenso gut Kunstwerke sind wie seine Statuen. Dort wie im Garten ist man gleichsam außerhalb der Welt, aber an einem bekannten Ort. Doch wenn man den Blick von der Terrasse her weiter schweifen lässt – was ist denn da, jenseits der Wasserbecken, der Statuen, und von Treppe zu Treppe hinter den letzten Statuen und den letzten Becken, jener lange Kanal und jene natürlich gewachsenen Pappeln, die Art von Klein-Holland, die da beginnt, jene geheimnisvolle Gegend, die sich dort erstreckt und nicht mehr die gleiche wirkliche Welt wie die ist, in der wir uns befinden?

Marcel Proust, 1895

Oben: Martin Lister, der 1698 den Grafen Portland zu dessen Botschaft nach Versailles begleitet, berichtet: »Am 17. Mai führte man zum Vergnügen der englischen Edelleute die Wasserspiele vor, die eine unendliche Vielzahl von Figuren in die Lüfte zaubern.« Sie schießen aus der Mitte des Apollo-Brunnens empor, mit dem Sonnenwagen, der sich von der Welle losreißt, um der Erde Licht zu bringen. *Rechte Seite, oben:* die Kolonnade im wechselnden Farbenspiel des blauen, roten, mauvefarbenen und weißen Marmors. *Mitte*: das Neptun-Wasserbecken, zwischen den Wasserfontänen erkennt man einige der 22 reich verzierten Bleivasen auf dem Beckenrand. *Unten:* der Tapis Vert vor dem Apollo-Brunnen, gesäumt von Vasen und Statuen, Artemis in der linken Ecke und etwas entfernt, auf derselben Seite, die Kopie der Venus von Medici; im Hintergrund die Schlossfassade der Spiegelgalerie. *Doppelseite 62/63:* Das Schloss, der königliche Hof und das Reiterstandbild Ludwigs XIV. Noch einmal Martin Lister: »Die Straße, die dorthin führt, ist neu, und an einigen Stellen musste man 40 Fuß tief durch den Berg graben, damit man es aus mehr als einer Meile Entfernung in der Perspektive sehen kann. Es liegt am Ende von drei Höfen, die es umschließt und die sich fortlaufend verengen, was ein Fehler ist.« Unbestritten ist »es« der prächtigste Palast in ganz Europa, Listers Meinung nach mit einem einzigen Fehler.
Als Faksimile: Menüfolge eines Hochzeitsessens im Trianon Palace in Versailles, 1965.

60 PARC DE VERSAILLES — Le Bassin de Neptune un jour de Grandes Eaux
Neptune Pond

Wir hatten eine ganze Weile nicht bemerkt, dass man Häuser zwischen die Strebepfeiler der Kirche gebaut hatte. Vergleichsweise winzig, stilistisch elegant und eng in das Ganze eingefügt, kam es uns vor, als gehörten sie zum eigentlichen Bauwerk. Diese Entweihung der Gotik (...) ist auf den Platzmangel in den Festungsstädten zurückzuführen (...). Rouen weist noch mehr Spuren der Vergangenheit auf. Wir besuchten den Ort, an dem Jeanne d'Arc verbrannt wurde, ein kleiner, unregelmäßiger Platz gegenüber ihrem Gefängnis; selbst das Gefängnis und der Saal, in dem das Urteil gesprochen wurde, sind gotische Bauten, stilistisch schön, teils im Verfall begriffen.

James Fenimore Cooper, 1833

Oben: Le Gros Horloge, die große Turmuhr in Rouen, zum alltäglichen Gebrauch tiefer angebracht als üblich, und der Brunnen: die Zeit und das Wasser. Der Belfried und das ehemalige Rathaus, zwischen dem 14. und 18. Jahrhundert errichtete Zivilbauten in der Stadt der Tuchhändler, der zweitgrößten Stadt des Königreichs.

Rechte Seite: Alter Marktplatz, Hinrichtungsstätte von Jeanne d'Arc 1431 (Autochrom, 1910). Die Hallen wurden für den Bau der 1979 geweihten Kirche Sainte-Jeanne-d'Arc abgerissen, die alten Fenster aus dem 16. Jahrhundert stammen aus der ehemaligen Kirche Saint-Vincent.
Seite 66 (links): Blick vom Belfried auf die Rue du Gros Horloge mit ihren Fachwerkhäusern, die zur Kathedrale führt. Ihre drei Spitzen wetteiferten mit den vielen Masten im Hafen, denn die mit den Seefahrern von Dieppe assoziierten Kaufleute von Rouen trieben regen Handel. Die mittlere Spitze aus Gusseisen, mit 150 m die höchste, ist zum Zeitpunkt des Fotos (1881) erst kürzlich aufgesetzt.
Seite 67: die Fassade, Spiegelbild des 12. bis 16. Jahrhunderts; Monet malte sie in etwa zehn Bildern zu verschiedenen Tageszeiten, von der Morgen- bis zur Abenddämmerung, zwei Jahre lang alle Jahreszeiten hindurch.

S'ELEVA LE BUCHER
JEANNE
IGERIE
BRASSERIE
TRIPES A LA M

MAN VERLIESS PARIS VOR MITTERNACHT, ERREICHTE DIEPPE GEGEN SECHS UHR MORGENS, wenn kein Zwischenfall die Zugfahrt verzögerte. In den 1850er-Jahren dauerte die Reise nicht selten sieben oder acht Stunden, und in der folgenden Nacht begann die Probe aufs Neue in umgekehrter Richtung (...). Man kehrte völlig erschöpft heim, hatte aber das Meer gesehen!

L'Age d'or du rail européen (Das goldene Zeitalter der europäischen Eisenbahn), 1850–1900

DIEPPE

Dieppe: Von hier aus geht der Fisch direkt nach Paris in die Rue des Poissonniers, und hierher kommt man, um sich am Wasser zu vergnügen. Die exzentrische Herzogin von Berry bringt den Badeort nach 1820 in Mode. Das maurische Kasino (oben) stammt von 1871: Oscar Wilde atmet hier nach seiner Entlassung aus dem Kerker von Reading, 1897, die Luft der Freiheit.
Seite 73: Einfahrt eines Ozeandampfers in Le Havre.

Doppelseite 70/71: Nebel über dem Hafen, aufgenommen 1909 von Jacques Henri Lartigue. Paradoxerweise wird Marcel Carné 30 Jahre später hier *Hafen im Nebel* drehen. Im eisigen Monat Januar herrschte so wenig Nebel, dass er künstlich erzeugt werden musste. Auf der Spitze des Hafenturms verbrannte man Heizöl, und Jean Gabin und Michèle Morgan wurden mit schmierigem Ruß eingenebelt.

Ich liebte die alten Hafenbecken, die Kais mit ihren Matrosenkneipen und den anrüchigen Hotels, die schmalbrüstigen Häuser, denen die Schieferdächer bis über die Augen fielen. Eine der Fassaden war von oben bis unten mit Schindeln bedeckt. Die hübscheste Straße des Viertels war die Rue des Galions, in der abends vielfarbige Lichtreklamen erstrahlten: »Le Chat«, schwarz, »La Lanterne«, rot, »Le Moulin«, rosa, »L'Étoile«, violett. Alle Einheimischen kannten »La Grosse Tonne«: Zwischen den Bordellen, die von stämmigen Zuhältern bewacht wurden, lag dies berühmte Restaurant. Wir aßen dort manchmal eine Seezunge auf normannische Art und ein Calvados-Soufflé.

Simone de Beauvoir, 1935

Doppelseite 74/75: Aiguille creuse d'Arsène Lupin und Porte d'aval, »diese kolossalen Steilfelsen sehen aus, als wollten sie Etretat ins Meer stoßen. Aber es hält stand, und es besteht keine Gefahr«, schreibt Ludovic Halévy, Offenbachs Librettist, an seine Mutter. Im Herbst 1854 hatte er ein Grundstück in Etretat gekauft, in dem es erst seit zwei Jahren ein Kasino gab. Offenbach wird nun zum »Genie von Etretat«; in einem Gefährt mit Bänken, von der Kaiserin abgeguckt, kutschiert er jeden Morgen seine Gäste zum Strand: Nadar, Dumas Vater und Sohn und all jene, nach deren Versen er komponiert, und dies so gut, dass es einem Journalisten vorkommt, »als suche er in der Harmonie der Wellen die musikalischen Perlen, die er im kommenden Winter zu unserem Vergnügen umsetzen wird«.

LE HAVRE

WIDMARK
SIDNEY LUMET
JOHN VOIGHT
JANE
BEN GAZZ

AUF DEN BREITEN, SCHATTIGEN AVENUEN DER INNENSTADT KÖNNEN FAMILIEN GEFAHRLOS DEM RADSPORT FRÖNEN. Dieser einmalige Umstand lockt eine Vielzahl von Freizeitradlern auf die zum Velodrom umgewandelten Straßen. (...) Der feine Sandstrand ist sehr schön und sehr lang. Ein langer Brettersteg führt über den Sand zu einem Ponton, auf dem die Badekabinen stehen. So kann zu jeder Tageszeit gebadet werden, selbst wenn das Meer sich weit zurückzieht.

Guide des Familles aux bains de mer (Bäderführer für Familien), 1898

Die Promenade kurz nach dem Regen *(oben)*. Der Holzdielensteg führt entlang der pompejischen Bäder mit ihren Balustraden für die Stars des amerikanischen Kinos *(linke Seite)*. Deauvilles Festival verpflichtet, ebenso die Terrasse der Bar du Soleil, auf der besagte Stars sich im hellen Sonnenschein ohne Scheu miteinander messen. Folgt man dem Blick der Kinder auf dem Brettersteg, blickt man auf die Pferderennbahn mit Terrakottabüsten, die aus Prinz Demidoffs Römischer Villa gerettet wurden, sowie auf das Hotel Royal, vor 1912 die Villa des Herzogs von Morny, einem Halbbruder Napoleons III., der 50 Jahre zuvor im Handumdrehen einen konkurrierenden Badeort hatte bauen lassen, noch ehe das alte Trouville die Zeit fand, sich über den Fluss Touques auszudehnen.

Wir sind nun in Deauville. Im Gegensatz zu den belebten Straßen von Trouville fühlt man sich hier durch die Stille der herrschaftlichen Häuser in ein maritimes Faubourg Saint-Germain versetzt: zum einen die hoheitsvolle Aristokratie und gleich nebenan Highlife und Vergnügen (...). Anfang August erwacht Deauville für drei Tage aus seiner gewohnten Ruhe; wenn eine große Menschenschar zu den Rennen ins Hippodrom strömt, und das ist dann – wie die glanzvollen Pferderennen – ein neumodisches Steeplechase.

Constant de Tours, 1898

Oben: Die Rue Gontaud-Biron führt vom Hotel Normandy (rechts im Bild), mit seinem reichen Fachwerk architektonisch gesehen »normandissime«, und dem Kasino (links), eher im Stil des Trianon, zum Meer. Beide Gebäude entstanden im selben Jahr, 1912; das Kasino, das Eugène Cornuche, ehemaliger Pächter des entsprechenden Etablissements von Trouville, bauen ließ, trat an die Stelle eines zunächst einfachen Stoffzelts und danach eines orientalischen Baus im damaligen Geschmack. Nach der Einweihung des Hippodroms (*rechte Seite,* 1907) stiegen die Besucherzahlen an: Man ging ins Kasino, um sich von den Verlusten beim Pferderennen zu erholen! Ab 1863 reiste man per Bahn nach Deauville, aber erst ein Jahr nach der Eröffnung des Kasinos und der Hotels Royal und Normandy eröffnete Coco Chanel einen Accessoires- und Hutladen, noch entwarf sie keine Kleider.

Als Vignette: Kofferanhänger des Hotel du Golf.

Bains de Mer & Casino de Cabourg
Le Grand Hotel
Même Maison
Le Grand Hotel
Menu
Jour de Fête d'Enfants. ND Phot.
109 CABOURG. — Terrasse de la Mer à l'heure du Bain. — LL.

Ich verfolgte alle ihre Bewegungen durch die grosse Fensterwand hindurch, die so viel Licht einliess. Aber sie hielt den Wind von uns ab, und das war ein Mangel in den Augen meiner Großmutter, die, da sie den Gedanken nicht ertrug, ich könnte die Wohltat einer Stunde frischer Luft einbüßen, verstohlen einen der Flügel öffnete, wodurch mit einem Schlage die Menüs, Zeitungen, Schleier und Mützen aller beim Frühstück befindlichen Personen sich in die Lüfte erhoben; sie selbst, vom himmlischen Hauch umweht, verhielt sich ruhig lächelnd wie die heilige Blandina inmitten aller Schmähungen (...).

Marcel Proust, 1918

CABOURG

George Sand weilt im August 1872 mit ihrer ganzen Familie in Cabourg; Baden im Meer, Feste, Ausflüge in angenehmer Gesellschaft. Madame Alix Pasca, eine berühmte Schauspielerin der damaligen Zeit und Freundin Flauberts, ist ihre Zimmer- und Tischnachbarin. Von 1907 bis 1914 kommt Proust jedes Jahr nach Cabourg; das Kasino (*rechts oben im Bild*, vor dem Wiederaufbau von 1907) besteht bereits seit 50 Jahren. Der Schriftsteller verteilt dort Goldstücke an junge Mädchen, um sie anschließend beim Spiel zu beobachten. Eines Abends im Jahre 1909 spielt die Zigeunerkapelle des Grandhotels für ihn die *Rêveries du prince Églantine* seines Freundes Reynaldo Hahn, und er weint. Können Sie ihn sich auf der Seeterrasse zur Badezeit vorstellen?
Linke Seite: arrangiertes »Stilleben à la Madeleine«, im Grandhotel von Cabourg.
Seite 82: die Kirche Saint-Pierre in Caen, 1860, mit gotischer Fassade, Rosette und Turm aus dem 14. Jahrhundert, hinter der Poststation, unterhalb des Schlossbergs.
Seite 83: alte Häuser auf der Place Victor-Hugo in Lisieux. Durch die Bombenangriffe von 1944 blieb nicht viel übrig, außer einigen schönen Holzbauten in der Rue Henry-Chéron, Dr-Degrenne und Dr-Lesigne.
Als Faksimile: Kartenbrief des Grandhotels Cabourg, um 1900.

503. 7.6.06

Lisieux. Vieilles maisons, place Victor Hugo.

UN MOIS
EN NORMANDIE
PAUL
LIBRAIRIE HAC
Bagnoles-de-l'Orne. Le Grand Hôtel de l'Etablissement Thermal
195

Wir sind in Bagnoles-de-l'Orne gewesen. Ein hübscher Spaziergang, den man mit Bleistift und Pinsel machen sollte, denn die Natur ist dort ursprünglich und schön. Man stelle sich ein tiefes Tal vor, dessen Höhen mit dichten graugrünen Tannenwäldern bedeckt sind, aus denen ein paar weiße Felsen aufragen; tief unten schlängeln sich glasklare Bächlein durch die Felsen; in der Ferne ein kleiner blauer See, von grünem Wald umsäumt. Die Kirche mit ungewöhnlichen Malereien ist eine Dorfkirche, von der ich lediglich einen riesigen Beichtstuhl mit überreichem Gitterwerk für erwähnenswert halte.

Maurice Denis, 1885

Nebenstehend: Granville, Hafenkai für die Schiffe nach Jersey, August 1890. Im Hintergrund Notre-Dame, die Granitkirche innerhalb der Wälle der Oberstadt, und links die Kaserne aus dem 18. Jahrhundert. Die Fähre von Granville befördert jährlich 55000 Passagiere nach Jersey und doppelt so viele zum Archipel von Chaussey. *Linke Seite:* Bagnoles-de-l'Orne, Grandhotel des Thermalbads, am Rande eines wunderschönen 44 Hektar großen Parks, Teil des Walds von la Ferté. Vorbei an einer Kapelle aus dem 12. Jahrhundert und zwei Felsspitzen, Kapuzinersprung genannt, führt hinter dem Hotel ein Weg hinauf zur Schutzhütte Janolin *(oben links)*. Von dort aus blickt man aus über 100 Meter Höhe auf das Vée-Tal mit dem See, an ihm liegen das Bad, das von Albert Christophe zwischen 1880 und 1895 erbaute Kasino und die Villen, fast alle aus der Zeit vor 1930.

Oben: das Königstor und das Gasthaus von Mère Poulard im Jahre 1890. *Rechts:* am Mont, jedoch 100 Jahre später. Madame Poulard war 1872 zum Mont gekommen, im Gefolge und im Dienst des mit cer Restaurierung beauftragten Architekten. Kurz darauf heiratete sie einen Sohn des dortigen Bäckers und übernahm mit ihm ein Gasthaus, wo sie ihre köstlichen Omelettes zubereitete, für die sie bis zu ihrem Ruhestand im Jahre 1906 berühmt war. Damals kamen jährlich nur um die 10 000 Touristen hierher; erst gegen 1910, einige Jahre nach der Einweihung der Straßenbahn, stieg ihre Zahl auf über 100 000. Bis 1863 war der Mont ein Gefängnis gewesen. Nur durch ein Fensterchen und auf Zehenspitzen stehend, konnten Flaubert und du Camp in den Rittersaal sehen, der als Weberei diente. Zuvor hatte der Gouverneur ihre Pässe geprüft und einen Gefängniswärter beauftragt, sie zu begleiten.
Doppelseite 86/87: »Vor mir breitete sich, so weit das Auge reichte, eine unendlich weite Bucht, zwischen zwei geschwungenen Küsten, die sich in der Ferne im Dunst verloren; und mitten in dieser ungeheuren gelben Bucht, die ein leuchtender Goldhimmel überwölbte, stieg aus dem Sande ein seltsamer, düsterer, spitzer Berg empor« (Maupassant).

Ein Besuch des Mont-Saint-Michel bereitet ähnliches Vergnügen wie das Betrachten (...) der fremdartigen Radierungen Piranesis, auf denen er seine architektonischen Albträume in den schwarzen Firnis ritzte. Man steigt hinauf, man steigt hinab, jedes Mal gelangt man auf eine andere Ebene. Man geht dunkle Gänge entlang, bald führen sie in den Berg, bald in den Himmel. (...) Im Geiste sieht man Lewis' Mönch mit seiner Lampe in der Hand unter den Spitzbögen umherirren, an die sich Goyas Fledermäuse festkrallen. Dieser gedrungene Gewölbesaal wäre eine ausgezeichnete Vorlage für eine jener gruseligen Inquisitionsszenen, wie sie El Greco in seinem Wahn mit fiebriger Hand skizzierte; und könnte sich Edgar Poes fürchterliches Pendel nicht gut von diesem Schlussstein auf die Brust des Verurteilten herabsenken?

Théophile Gautier, 1865

Der Stadtrundgang über die Wälle gehört zu den schönsten Spaziergängen überhaupt. Der Wanderer lässt sich in der Schießscharte der Kanonen nieder, die Füße über dem Abgrund. Vor ihm liegt die Mündung der Rance, die in einem Tal zwischen zwei grünen Hügeln dahinfließt, und dann die Küste, die Felsen, und überall das Meer. Hinter ihm schreitet der Wachposten auf und ab, sein Gleichschritt hallt dumpf auf den Steinplatten.

Gustave Flaubert, 1847

DINARD

SAINT-MALO

Rechte Seite: Saint-Malo ist volkstümlich, Kinder spielen mit ihren Reifen auf dem Glacis der Bastion, vor dem Rundweg; im Hintergrund Quic-en-Groigne-Turm und Donjon. Immerhin geht die Gattin eines schwerreichen bretonischen Reeders in Saint-Malo baden, Madame Gauthereau, eine der schönsten Frauen der damaligen Zeit, und wenn sich die Menge so dicht um sie drängt, dass die Passanten auf der Chaussée du Sillon an einen Unfall glauben, dann wagt sich keiner mehr ins Meer, scheint es doch nur für sie reserviert zu sein.
Doppelseite 92/93: Saint-Malo ist der letzte Dorschfanghafen; 1914 wurden hierfür 165 Segelschiffe ausgerüstet. Im Hafen von Cancale *(links unten)* liegen einige Neufundländer, 200 bis 500 Tonnen schwere Dreimaster mit etwa 30 Mann Besatzung. *Rechts unten:* Ankunft der Ausflugsboote, die von Dinard und Saint-Malo die Rance hinunterfahren und direkt unterhalb der alten befestigten Stadt Dinan anlegen. *Oben:* Die Fährbrücke zwischen Saint-Malo und Saint-Servan wurde mit Kabeln über Schienen gezogen.

Oben: Dinard 1908, die Fähre nach Saint-Malo. Dinard ist chic, wie Automobil und Dame mit Hut bezeugen. »Im Jahr 1908 war Dinard ein exklusiver Club des europäischen Patriziats, Gotha-Almanach am Meeresstrand«, wie Gabriel Louis Pringué vermerkt. Théophile Gautiers Tochter Judith hörte hier Caruso durch die geöffneten Fenster der gegenüberliegenden Villa singen, Picasso kam im Sommer 1922 und 1928, um hier zu malen.

Malo le pont roulant
Cancale : terres neuviens au port
COST

La Rance à Dinan
BRETONS

HUELGOAT IST EIN RECHT BEDEUTENDER ORT, sozusagen eine lange Straße mit einem großen Markt im Zentrum, und liegt eingeengt zwischen einer tiefen Schlucht und einem großen See. Dessen Wasser stürzen nah beim Ortsausgang aus großer Höhe herab, ehe sie in einen Bach münden und ihren Lauf fortsetzen, um eine Weile unter fantastisch übereinander gewürfelten Granitblöcken zu verschwinden. Als Maler hat mich Huelgoat nie wirklich begeistert. Sobald meine Augen die massige Bergwand erblickten, fühlte ich mich beklommen, und sobald mein Blick auf dem See und den kahlen Abhängen ruhte, wurde ich missmutig. Was alle schön finden, lohnt selten, gemalt zu werden, und was den Touristen entzückt, rührt den Künstler nicht, denn der Maler möchte ein prophetischer Seher sein; er möchte die verborgene, noch unerkannte Schönheit offenbaren.

Jan Verkade, 1891

Oben: traditionelles bretonisches Bauernhaus mit einem Raum und Strohdach, dahinter das später errichtete Haus, um 1890. Zwei, drei Familien bilden einen Weiler, dicht bei den Feldern; dagegen macht die konzentrierte Bebauung der Marktflecken mit Kirche und Rathaus gerade einmal zehn Prozent der Bevölkerung in der Region aus. Die Abgeschiedenheit fördert die Aufrechterhaltung der Eigenarten, so posieren z. B. die Reisenden hier nicht nur vor einer Landschaft, sondern vor den Bauern, die respektvoll Distanz halten.
Rechte Seite: Huelgoat, zwischen den Bergen von Arrée und der Montagne Noire, eins der schönsten Fleckchen der inneren Bretagne, im Herzen eines mit runden Granit- und Sandsteinfelsen übersäten Waldes – wie hier das Felsenmeer der Mühle.

Und dann geht es wieder zur Pointe du Raz, an das Ende der Welt, den Zipfel Europas. Man geht hinauf, ständig hinauf, und plötzlich entdeckt man zwei Meere, links der Ozean, rechts der Ärmelkanal. Hier treffen sie sich, hier kämpfen sie miteinander ohne Unterlass, lassen ihre Strömungen und Wellenberge aufeinander prallen, reißen Schiffe in die Tiefe und verschlingen sie wie Bonbons. Keine Bäume mehr, nur noch Grasbüschel auf dem vorspringenden Kap. Ganz am Ende zwei Leuchttürme und in der Ferne überall Leuchttürme auf den Klippen. (...) Plötzlich steht der Besucher über einem Furcht erregenden Abgrund, von den Felswänden (...) schallt ihm das wütende Tosen des Wellengetümmels entgegen, das sich tief unten in dem Loch, die Hölle genannt, abspielt.

Guy de Maupassant, 1882

Oben: Ouessant. Jacques Prévert besuchte die Insel zwischen den beiden Kriegen häufig und hörte dort den Vornamen, der mit dem Chanson von einem Abend verbunden ist, an dem es unaufhörlich auf Brest niederregnete, »jener vertraute Ausruf, in der rauen und zärtlichen Sprache der Inselbewohner: Barbara!« Er hört ihn wieder an Bord der *Ennez-Eussa*, einem Pendeldampfer zwischen der Insel und dem Festland, der erst 1960 im Schiffsfriedhof von Brest seine letzte Ruhe findet.

Rechte Seite: der Leuchtturm La Vieille, auf dem äußersten Riff gelegen, letzter Haltepunkt am Ende der Welt im Ozean. Wie ein Krebs, der seine Scheren öffnet, lässt er an der Pointe du Raz und an der Pointe du Van die Bucht der Verstorbenen ganz allein, ungeschützt gegen die Wellen, gegen die Dünung ankämpfen, die sich hoch auftürmt und sie überflutet.

Doppelseite 98/99: In Concarneau, 1907, Parade der Coiffes vor dem Hafen La Croix und einer Thunfischflotte. Gar nicht so leicht, die Hauben voneinander zu unterscheiden: die von Auray; die viel höheren von Quimper; die von Fouesnant oder Pont-Aven mit ihrer Halskrause, die bis zu den Schultern reicht.

Sie scheinen zu leben, die endlos aufgereihten Steine, riesig oder winzig klein, eckig, lang, flach, mit der Gestalt schlanker oder dickbäuchiger Körper. Wer sie lange betrachtet, sieht, wie sie sich bewegen, sich neigen, leben! Man verliert sich in ihrer Mitte. Bisweilen unterbricht eine Mauer die Ansammlung von Granitblöcken, und das seltsame Völkchen hebt von neuem an, aufgepflanzt wie Alleen, aufgereiht wie Soldaten, Furcht erregend wie Gespenster. Und das Herz pocht; der Geist gerät wider Willen in Erregung, fällt zurück in vergangene Zeiten, verstrickt sich in Glaube und Aberglaube.

Guy de Maupassant, 1882

Die Bretagne ist das Land der Felsen. Wenn sie nicht vom Ozean zerklüftet, von den Fluten überspült werden sind sie von Menschenhand aufgerichtet. Mehr als 1000 Menhire stehen wie Zinnsoldaten in Le Ménec und noch doppelt so viele in Kerlescan, Kermaria, Locmariaquer, in der gesamten Gegend von Carnac.

Rechte Seite: menschlicher Maßstab; man könnte auch meinen, das Modell stehe neben dem unbehauenen Stein, bevor der Künstler ihn bearbeitet.
Carnac – das ist auch ein Strand mit Blick auf die Belle-Île und die schützende Halbinsel von Quiberon, den felsigen Rücken der Côte Sauvage.

FESTTAG IN SAINTE-ANNE – die jährliche Wallfahrt, zu der die Pilger aus sämtlichen Winkeln der Bretagne herbeiströmen. Schon früh am Morgen kommen sie auf allen Wegen an, in langen, staubigen Reihen oder in ganzen Wagenladungen, schlichte Lobgesänge auf den Lippen, ihre Banner im Wind. Die Felder scheinen mit großen weißen Blüten bedeckt (...). Es ziehen vorüber die hübschen Mädchen aus Saint-Pol, Paimpol und Guingamp, die hübschen Mädchen aus Fouesnant, Concarneau und Pont-Aven, lustige Närrinnen mit ihren gehörnten Hauben und ihren wippenden Halskrausen über runden Brüsten.

Octave Mirbeau, 1887

Oben: Basilika Sainte-Anne von Auray (1910), Ort unzähliger Wallfahrten, darunter die Grands Pardons vom 25. und 26. Juli, bei denen sich bisweilen 20 Bischöfe im vollen Glanz kirchlicher Pracht unter die Hauben der Frauen mischten – im Bild: viereckiges Spitzenhäubchen aus gestärktem Tüll, das den Haarknoten umschließt und wie ein Hut oben auf dem Kopf getragen wird.

Rechte Seite: gepflastertes Gässchen im Saint-Goustan-Viertel, das inmitten der Flussbiegung des Auray liegt (Autochrom von 1907). Auf dem hölzernen Fensterladen des Cafés lockt ein Wahlplakat demokratisches Augenmerk auf die Stadt Benjamin Franklins, der im amerikanischen Unabhängigkeitskrieg Frankreich um Hilfe ersuchte.

J. LE LOUEDEC

Im Palace von La Baule hatten wir das Gefühl, unter so viel zwanghafter Vornehmheit fehl am Platz zu sein. Die Kinder bräunten sich am einsamen bläulich-weißen Strand, und im zurückweichenden Meer suchten sie im Sand nach Krebsen und Seesternen.

Francis Scott Fitzgerald, 1934

LA BAULE

LES SABLES-D'OLONNE

Rivalin von Biarritz am Atlantik, mit Dinard mondänster Badeort der Bretagne, schönster Strand Europas – La Baule mangelt es nicht an Superlativen. Kiefern säumen das Kasino, die Grandhotels – *nebenstehend* das Hermitage – und die Villen des Fin de Siècle. Palmen und Mimosen im Parc des Dryades beschatten die Tennisanlagen; selbst das Salz – das von Guérande – ist hier chic. *Rechte Seite:* jenseits der Loiremündung, weiter südlich: der »Damm« von Les Sables-d'Olonne in der Vendée, 1938, und das Kasino vor Pornic am Ende einer kleinen Bucht nahe Noirmoutier, 1900. *Unten:* Bademode der 1930er-Jahre auf einem touristischen Werbeblatt.

Doppelseite 104/105: eine Familie auf den »Schwarzen Felsen« des Strands von Les Sables-d'Olonne in der Belle Epoque. Anders als auf ähnlichen Szenerien der Impressionisten (zum Beispiel *Am Strand* von Manet vom Sommer 1873) sind 1900 die Schleier gelüftet und die Gesichter der Frauen nicht mehr wie bei Imkerinnen verhüllt, um sich gegen den drohenden Ansturm von Luft, Licht und Blicken zu wappnen.

1938
sur la Plage A. B.
PORNIC (L.-Inf.) - La Plage et le Casino de Gourmalon

Von Paris nach Orleans

Von Paris nach Angers

Von Paris nach Vichy

Von Paris nach Le Puy-en-Velay

Sehenswürdigkeiten und Denkmäler

Touristische Züge

Richtung Zentral-frankreich

Die Gare d'Orsay *(rechts)* sollte die Gare d'Orléans ersetzen, nicht nur, weil Letztere zu weit von der Innenstadt entfernt lag, sondern auch, um den Besuchern einen der Hauptstadt würdigen Anblick zu präsentieren. Entworfen wurde der Bahnhof vom Architekten Victor Laloux, dem Preisträger des staatlichen Wettbewerbs. Mitten in Paris gelegen und mit dem Grandhotel des Palais d'Orsay *(unten*, Postkarte von 1901) verbunden, wurde er zur Weltausstellung von 1900 eingeweiht. Sein riesiges metallisches Gewölbe, eine bemerkenswerte technische und architektonische Neuheit, ließ sich infolge der Elektrifizierung realisieren, denn mit dem Ende des Dampfbetriebs sollten die Bahnhofshallen, dem Architekten zufolge, »in höchstem Maße angenehm und luxuriös ausgestattet sein«. Die Nutzung der Gare d'Orsay als Bahnhof war jedoch von kurzer Dauer, da der Fernreiseverkehr bereits in den 1930er-Jahren eingestellt wurde. Ständig umgestaltet, gar vom totalen Abriss bedroht, mündete ihre Geschichte 1987 mit der Eröffnung des Musée d'Orsay auf wundersame Weise »in Schönheit«.

Und nun das Tal der Loire, Inbegriff Frankreichs, des Landes der Ausgewogenheit, des Gleichmaßes, der schönen Sprache und des milden Klimas, sein Fluss Bindeglied zwischen dem Norden und dem Süden. Ein Garten à la française angesichts der strengen Geometrie der Weinstöcke, der Obstspaliere und der Rabatten an den Gestaden der breiten Loire, dort, wo Pavillons und Gartenlauben Schlösser sind. »Ihr Name ist Valençay, Saint-Aignan und Langeais, Chenonceaux und Chambord, Azay, Le Lude, Amboise.« Die Schlösser der Loire sind wahrlich poetisch: Man braucht nur Charles Péguy zu zitieren, und schon erklingt die sanfte Musik, die den Hof der Valois heraufbeschwört. Buchsbaumhecken, Liebesgärten und Millefleurs-Tapisserien bis hin zum Wandteppich der *Apokalypse*, der das rot-blaue Schachbrettmuster seiner 76 Bilder im weißen Tuffstein und schwarzen Schiefer von Angers ausbreitet; Chambord, dessen stachelige Dächer aus einer Lichtung ragen; Cheverny mit seiner Architektur in Reinkultur; Chenonceaux und die weißen Brückenbögen über den Cher; Villandry und seine Gärten wie Liebesbotschaften; Azay-le-Rideau, das in einem See verankerte Schiff. *Orleans, Beaugency, Notre-Dame de Cléry, Vendôme, Vendôme* ... Nachdem sie die Sologne durchquert hat, die Region des Großen Meaulnes von Alain-Fournier und der Schwestern Tatin, Erfinderinnen der berühmten Apfeltarte,

IS-LEZ-TOURS
Façade Occidentale
ABBAYE DE MARMOUTIER
Portail de la Crosse, XIIIe Siècle
Façade Principale
CHATEAU DE VILLANDRY
Vue d'Ensemble
OCHES. ENSEMBLE.
PEIGNE. TOURS

Beschwören wir »La douce France« – die friedlichen Flusslandschaften der Loire, der Maine, des Cher, der Indre, eine sanfte Monotonie, die Victor Hugo langweilte. Er bedurfte größerer Kontraste und bevorzugte das Tal der Seine. *Oben im Farbbild* Saumur (um 1950), am Fuße der Hügel, die das linke Ufer der Loire säumen; die Brücke wurde während der Revolution von den Vendeern abgebrochen.

Ganz oben: Angers mit Schloss und Brücke von Basse Chaîne, um 1900. Erwähnen wir den Wandteppich *»Dame mit dem Einhorn«* und die meisterlichen Kirchenfenster. *Unten rechts:* Amboise mit dem dicken Zackenturm, der die schieferge-deckten Häuser entlang des schönen Flusses überragt, um 1920. *Linke Seite:* Villandry, Chenonceaux, die Abtei von Marmoutier und Loches (unten, Foto um 1890), Heimat von Alfred de Vigny, mit seinen Stadtmauern, dem Schloss und den finsteren Verliesen.

kreuzt die Bahnlinie, weiter südlich, die Prozession der Pilger nach Santiago de Compostela, ernst, aber auf jeder Etappe aufgelockert durch Gaukler, Geschichtenerzähler und Jongleure: Conques mit seinem steilen Aufstieg zur Chapelle Saint-Roch, zwischen Le Puy und Moissac gelegen, war eine der Hauptstationen. Prosper Mérimée gelang es im letzten Moment, die Reste der Abtei Sainte-Foy zu retten. Als Generalinspekteur für Baudenkmäler über ein Vierteljahrhundert lang als Berufstourist unterwegs, konnte er als Erster in seiner Funktion seine Rundreisen per Bahn durchführen. Er hatte die Gastfreundlichkeit dieser Gegend im Zeitalter der »holprigen Pferdedroschken« kennen gelernt; sein Urteil war eindeutig: »In der Auvergne versteht man es nicht, Suppe und Haare getrennt zu servieren.«

Castel
Hôtel
Médicis
AUVERGNE
TÉL. : 89
R. C. 12768 CLERMONT-FD
LE MO
Docte
19,
LUC
Monsieur,
Nous
du 16 ct, dont nous vous
plaisir de vous recevoir
MONT-DORE à dater du 23 M
Nous
belle chambre avec deux l
claire et bien aérée , po
(moquette , téléphone, et
conditions journalières e
80 NF pour TROIS pers
COMPRIS).
CASTEL MÉDICIS
Près le Parc,
du Casino,
de l'Établissement
Chauffage centr
Salle de bain
Téléphone
Restaurant
(Ouvert tou
CENTRAL
HOTEL MON
(près de l'Éta
EAU COURANTE
Pension à p
RENDEZ-V
CERCLE INTERNATIONAL
Siège Social de la Société des Courses de Vichy
de la Société Hippique Française (Concours du Sud Est)
et de la Société du Tir aux Pigeons de Vichy
NOUVEAU CASINO
DE
L'ÉTABLISSEMENT THERMAL
DE
VICHY
HOTEL CASTEL MÉDICIS
& RESTAURANT-BAR DU PARC
N°
OUVERT TOUTE L'ANNÉE
CONSTANTIN Fils, Propre
RUE DUCHATEL
MONT-DOR
TÉLÉPHONE 89
R. C. Clermont-Ferrand 12678
Le 3 Avril
Monsieur Madame et Mlle Pergué
Du 26 Mai au 3 Avril
Le 26. 3 Diner et ch.

Durch die Eisenbahn entwickelte sich mit dem Zweiten Kaiserreich eine höfische Bäderkultur: Kaiserin Eugénie brachte das römische Royat wieder in Schwung, Napoleon III. schuf in Vichy den Allier-Park, und in den Thermalbädern entstanden mondäne Kasinos und Hotels für die von Mai bis Oktober dauernde Saison. In La Bourboule, Le Mont-Dore und Saint-Nectaire herrschte reges Leben, umgeben von den für die Auvergne typischen Klöppelkissen, von Felsnadeln, Bergspitzen und Vulkankegeln, von den Gesteinsbrocken des Mont Dore, eines riesigen geborstenen Vulkans, der in grauer Vorzeit sechsmal so groß war wie der Vesuv. Châtel-Guyon und Royat nahe Clermont-Ferrand liegen eingebettet in die mondähnliche Landschaft der Monts Dôme: Nahezu 60 Vulkangipfel, mal Kegel, mal Krater, lassen das Wasser der Quellen in La Bourboule auf 50°, in Vichy auf 60° und in Chaudes-Aigues auf 80° ansteigen.

»Das Erdinnere scheint aufzubrechen und formt eine tief klaffende Schlucht, durch die sich unter den gigantischen Bögen des Viadukt von Gabarit die Truyère schlängelt«, so beschreibt Vidal de la Blache den zwischen 1882 und 1884 von Gustave Eiffel erbauten Viadukt, über den die Bahnlinie von Béziers nach Clermont-Ferrand führt (Postkarte aus den 1910er-Jahren, *ganz oben*). Ein anderer Gigantismus, diesmal jedoch naturgegeben – die Basaltorgeln von Saint-Flour *(oben)*.

Linke Seite: das Castel Médicis in Le Mont-Dore, »in der Nachbarschaft von Parks, Kasinos und Bädern«, wie es in einer Beilage des *Guide Joanne* heißt – ein Hotel mit »gutem Komfort«, in dem man sich in der Belle Epoque einquartierte und das 1961, wie man nebenstehendem Schreiben entnehmen kann, noch immer einen exzellenten Ruf hatte. *Als Faksimile:* Faltkarte der Société des Courses de Vichy, 1903.

ORLEANS LIEGT AM RECHTEN UFER DER LOIRE, seine Vororte weisen es als Großstadt aus. Orleans besitzt mehrere Viertel mit eleganten Häusern, breiten, wohlproportionierten Straßen und großzügigen Plätzen. Die Postkutsche biegt in die Rue Royale ein, diese führt zur Place du Martroi, die sie mit der Brücke über die Loire verbindet. Das ist die schönste Straße der Stadt.

Angel Fernandez de Los Rios, um 1853

Oben: Seit 1435 gedenkt man in Orleans der Aufhebung der Belagerung der Stadt am 8. Mai 1429. Das Fest wurde 1919 zum Feiertag erklärt, jeweils am zweiten Sonntag im Mai. Die Prozession geht von der Kathedrale Sainte-Croix zur Rue Jeanne-d'Arc und biegt dann in die zur Place du Martroi führende Straße ein (um 1920).

Rechte Seite: aus dem Fotoalbum eines Reisenden gegen Ende des 19. Jahrhunderts: *links oben* die Fassade (15. Jahrhundert) der ehemaligen Chapelle Saint-Jacques, Rue des Escures, in einem Park hinter dem Rathaus. *Unten links:* das 1885 auf der Place du Martroi errichtete Reiterstandbild der Jeanne d'Arc. Ein weiteres Standbild vor dem Rathaus *(links, Mitte)*, 1836 entworfen von Marie d'Orléans, einer Tochter Louis Philippes.
Oben, Mitte: das Hotel Gouin in Tours, von 1738 bis 1940 im Besitz der Familie Gouin. Balzac war dort zu Gast; heute beherbergt es das archäologische Museum der Touraine.
Rechts oben die Kathedrale von Sens: *links* der nie vollendete Bleiturm, seit dem 12. Jahrhundert unverändert, das Mittelportal und die Stephanus-Statue aus der gleichen Epoche sowie der im 16. Jahrhundert vollendete Steinturm, gekrönt von einem eleganten Campanile, den man hier nicht sieht. *Darunter* das Kirchenschiff, Vorbild für die großen gotischen Kathedralen.

Ruines de l'église St Jacques
Tours – L'Hotel Gouin.
Sens – Cathédrale St Etienne.
anne d'Arc.
Sens – Intérieur de la Cathédrale

Die Kathedrale, der Bischofspalast, die Schwarze Kirche Saint-Nicolas, das Schloss, das Zitadelle und Palast zugleich ist, die Hohlwege überall in der Stadt, die aufsteigenden und abfallenden Straßen, an denen die Häuser bald bergauf, bald bergab kleben, die Brücke mit dem Obelisken, die anmutig gewundene Loire, die gerade Linie der Pappelalleen und fern am Horizont, verschwommen, Chambord mit seinem Meer von Türmchen, mit den Wäldern, in die der historische Weg der »römischen Brücken« führt und so das ehemalige Flussbett der Loire markiert – all das war großartig und sanft.

Victor Hugo, 1825

Oben: Blois um 1900. Die unter Ludwig XIV. erbaute Kathedrale Saint-Louis thront über der Loirebrücke, die über die Denis-Papin-Treppen bis zur Tour de Beauvoir führt; dieser ehemalige Bergfried aus dem 12. Jahrhundert steht inmitten mittelalterlicher Häuser.

Rechte Seite: im Schloss der Treppenturm Franz' I., der sich wie der Salamander des Königs emporschlängelt und das strenge, klare Gefüge der Fassade mit Balkonen durchbricht, die den herunterwirbelnden Hofdamen als Ruheplatz dienten. Mit Treppen zum Versteckspiel bei Maskenbällen; abwechselnd Öffnungen und Pfeiler, um sich den Blicken zu entziehen und wieder aufzutauchen – wie im Gemach der Maria von Medici, wo die Schränke in den Wänden verschwinden und der Mechanismus für den Fußhebel sich in der Wandleiste verbirgt.

Doppelseite 116/117: die Sologne – Farne und violette Heide, wo das Wild lagert, schimmernde, fischreiche Weiher. Die Kleinbahn der Compagnie du Blanc Argent durchquert den äußersten Südwesten: von Salbris – am linken Ufer der Sauldre – nach Luçay-le-Mâle, jenseits des Cher und etwa zehn Kilometer vom Schloss von Valençay entfernt.

La
ND. Phot.

GESTERN HABE ICH CHAMBORD BESUCHT. Niemand kann sich vorstellen, wie seltsam schön es ist. Jede erdenkliche Art von Magie, von Poesie, von Verrücktheiten ist in der wunderbaren Bizarrerie dieses Märchen- und Ritterschlosses zu finden. Ich habe meinen Namen auf dem First des höchsten Türmchens eingraviert; ich habe etwas Gestein und Moos von diesem Gipfel mitgenommen und ein Stück des Fensterkreuzes, auf das Franz I. die beiden Zeilen einmeißeln ließ: Frauen sind oftmals wankelmütig, ein Narr, wer ihnen vertraut!

Victor Hugo, 1825

In einem Brief von 1836 eröffnet uns Balzac die »freudige Aussicht auf einen Besuch von Chenonceaux und Chambord, die auf (seinem) Weg liegen«. Hinter einer 30 km langen Mauer verbirgt sich ein Eichen- und Kiefernwald, dann endlich eine Schneise, und die Lichtung breitet ihren Teppich aus zu Füßen des Meisterwerks der Renaissance: Chambord heute *(oben)*.
Linke Seite: Fotos aus einem Album des Touring-Club de France, *La France en images* (Frankreich in Bildern), ein Geschenk der berühmten, 1890 gegründeten touristischen Vereinigung an ihre Mitglieder (um 1920). *Das große Bild:* Eingang von Schloss Chaumont mit den Wehrtürmen, Zufluchtsort der Diane de Poitiers, nachdem Katharina von Medici sie aus Chenonceaux vertrieben hatte.
Unten: die geschäftige Atmosphäre an der Saint-Michel-Kreuzung in Blois, Postkarte von Anfang des 20. Jahrhunderts.
Doppelseite 122/123: die Dächer von Chambord um 1920. Wer sich über sie beugt wie eine Fee über die Wiege, sieht ein Gewirr, ein Meer von Kaminen, kleinen Laternen, Türmchen und Dachfenstern, die die Dächer mit quirligem Leben bevölkern. Alles ist schon von weitem sichtbar, über den Wipfeln der Bäume, die sie noch spitzer erscheinen lassen.

CHAUMONT
CHAMBORD

Welch sonderbare Sanftmut und aristokratische Heiterkeit strahlt doch das Schloss von Chenonceaux aus! Am Ende einer langen Allee, in respektvoller Entfernung vom Dorf, ins Wasser hinein gebaut, liegt es, von Wald umgeben, mitten in einem weiten Park mit schönen Rasenflächen und streckt seine Türmchen, seine eckigen Kamine in den Himmel. Der Cher fließt murmelnd unter den Bögen hindurch, an deren spitzen Ausläufern sich die Strömung bricht.

Gustave Flaubert, 1847

CHENONCEAUX

Zwei Frauenschlösser, die unter der Leitung der Besitzerinnen und späteren Bewohnerinnen gebaut wurden: Catherine Briçonnet für Chenonceaux *(links)*, Philippa Lesbahy für Azay *(rechts)*. Die große Galerie in Chenonceaux bewahrt die Erinnerung an das Souper der nackten Frauen, das Katharina von Medici für ihren Sohn, den späteren Henri III., veranstaltete, um ihn »von seinen schlechten Gewohnheiten abzubringen«, wie Balzac es ausdrückt. Im Herbst 1747 weilt Rousseau bei Madame Dupin in Chenonceaux. »Ich komponierte mehrere Trios für Singstimmen (....), eine Komödie in drei Akten (....) und ein Stück in Versen unter dem Titel »*Die Allee der Sylvia*«, welchen Namen ein am Ufer des Cher entlangführender Weg trug.« Balzac trägt im Juli 1836 seinen Namen in die Besucherliste ein, dann aufs Neue im Juli 1845, mit der Gräfin Hanska.

Als ich die berühmten Schlösser der Loire besuchte (...), gedachte ich nicht der Krieger, der Fürsten oder der kirchlichen Würdenträger, sondern der Frauen. All diese Festungen, mögen sie nun gewaltig, prunkvoll, elegant, anmutig oder drohend sein, waren nur Schalen, welche die Blüte des Geistes bargen und schützten. Frankreichs Frauen waren das augenfällige Symbol dieses blühenden Geistes; sie wurden nicht nur in Versen, Stein und Musik vergöttert, gepriesen und verehrt, sondern sie wurden in Fleisch und Blut auf den Thron gehoben. (...) Sie waren Höfe der Liebe und Schauplätze der Kühnheit; alle Dualitäten modulierten durch ihre Pfeiler und Gewölbe.

Henry Miller, 1947

In *Die Lilie im Tal* hat er mit goldenen Worten das Schloss von Azay beschrieben: ein »in Facetten geschliffener Diamant, eingefasst in die Indre und auf blumenumrankte Pfeiler gesetzt«.
Doppelseite 126/127: Nicht weit von den Ponts-de-Cé, der Wegstrecke von zwei Kilometern auf vier Brücken über die Arme des Flusses und Schauplatz so vieler erbitterter Schlachten, ist die träge Loire dennoch friedlich wie ein See.

AZAY-LE-RIDEAU

IMPRIMERIE
A. TARDY
BOURGES

Er führte mich zur Cour Royale, dem Hof im Palais Jacques Cœur – überaus interessant. Es handelt sich um ein bezauberndes Werk aus der Renaissance; der Hof, sehr lang gezogen, ist ungemein hübsch und verwinkelt. Außer einer Anzahl Fensterkreuze, die entfernt wurden, könnte man meinen, Jacques Cœur habe seinen Palast erst gestern verlassen. Überall sieht man seine Waffen, die Geschichten erzählen, Herzen wie auf einer Herz-zehn-Spielkarte. Vor allem die oberhalb des Tores gelegene Kapelle mit ihrem gotischen Fenster in Form einer großen Lilie ist das Hübscheste, was man in dieser Art kennt.

Stendhal, 1837

Nebenstehend: Die Straßenbrücke führt über die Loire nach Nevers, berühmt wegen seiner Kathedrale im rheinischen Stil und italienischer Keramikkünstler, die Luigi de Gonzaga, ein Verwandter Katharina von Medicis, in die stufenförmig an den Hängen des rechten Flussufers liegende Stadt geholt hatte. Im Bild (um 1880) die Kathedrale Saint-Cyr-et-Sainte-Juliette mit dem Glockenturm aus der Renaissance. Auch wenn man die beiden Apsiden, die eine romanisch, die andere gotisch, kaum voneinander unterscheiden kann, verweisen sie doch auf den Einfluss rheinischer Sakralbauten.

Linke Seite: das Palais Jacques Cœur in Bourges, eines der prächtigsten großbürgerlichen Bauwerke gotischen Stils aus der ersten Hälfte des 15. Jahrhunderts. Im Erdgeschoss Arkadenhallen für Handel und Gewerbe; unter dem Dach das »Taubenhaus«, Informationsbörse für den Handel. Im mittleren Treppenturm verweist ein Ornament mit Palmen, Orangen und Datteln auf den Orienthandel, den Jacques Cœur mit den Kaufleuten von Genua und Venedig betrieb; alles Übrige ist dem Wohnkomfort gewidmet.
Als Faksimile: Führer der Kathedrale von Bourges (1933).

VICHY, HIER IST ALLES VERGÄNGLICH, SELBST VICHY. In der Musik, der Sommerluft, in der alle Flaggen der Welt flattern, formiert sich immer wieder aufs Neue eine erlesene Auswahl Menschen aus den schönsten Straßen der schönsten Städte Europas und Amerikas, vereinnahmt selbst die Stadt; und Straßen ändern ihr Aussehen und ihren Namen (...). Aber das alte Vichy der Herzöge und Mönche versteht es, seine Unabhängigkeit und seine Beständigkeit zu bewahren.

Valéry Larbaud, 1927

Vichy in der Belle Epoque. In den schönen englischen Gärten an den Ufern des Allier kehrt der kaiserliche Pavillon *(oben im Hintergrund)* dem Boulevard den Rücken zu und entkommt so den lästigen Hochrufen. *Rechte Seite:* Im Parc des Célestins (Deckblatt des *Guide de l'étranger à Vichy*, darunter die Liste der empfohlenen Hotels) sind inmitten schattiger Koniferen noch Überreste des alten Klosters zu sehen. Das Grand Casino im Parc des Sources, von Wandelhallen gesäumt, die zu den Heilquellen im Pavillon und zum Kurhaus führen, ist das größte Europas. Seine indomaurische Fassade erinnert an die Kolonialzeit, als das Bad für die Behandlung tropischer Krankheiten von großem Nutzen war. Direkt hinter dem Bahnhof liegt die Pastillerie, Herstellungsort der Vichy-Pastillen.

Hôtels et Maisons Recommandés
HOTEL DES CHARMILLES
HOTEL FENELON ET DE NORD
Gd HOTEL DU LOUVRE ET
HOTEL MAGENTA ET VILLA
GRAND HOTEL MAUSSANT ET DE MADRID
HOTEL DE NICE
HOTEL DE PLAISANCE
HOTEL DU PONT-NEUF
HOTEL DE PROVENCE
HOTEL SAINT-JAMES
HOTEL DE SÉVILLE
HOTEL SOALHAT
HOTEL RIVOLI
GUIDE DE L'ETRANGER
SOURCE DES CÉLESTINS
VICHY
CÉLESTINS
485. - VICHY. - Une Salle de Petits-Chevaux

Es bleibt uns kaum Zeit, die Kathedrale zu bewundern. Im Hotel angekommen, scharen sich die Menschen um uns. Reisende eilen herbei. Ein Amerikaner bietet uns Champagner an, während wir uns noch waschen, und wir müssen, voller Wasser und Seife, mit ihm anstoßen. Bei der Abfahrt, nach dem Essen, stürzen sich allzu begeisterte Bewunderer, die einem Souvenir unseres Automobils nachjagen, auf den Wimpel, das dreieckige Fähnchen vorn auf dem Wagen. Sie zerreißen es und teilen die Fetzen unter sich auf. Mit viel Mühe verteidigen wir den hinteren Wimpel am Auto. Dann wollen sie sich über Teile der Karosserie hermachen und haben bereits ihre Taschenmesser gezückt. Aber beim ersten Tritt aufs Pedal setzt sich das Automobil, die Gefahr ahnend, in Bewegung und entkommt.

Prinz Scipio Borghese, 1907

Etappe einer Autorallye in Pontaumur (1910) am Sioulet, einem Nebenfluss der Sioule, und auf der Nationalstraße 141 zwischen Aubusson und Clermont-Ferrand, der Stadt der Reifen (Michelin) und des Automobilclubs Auvergne. Zwei Kilometer vor Pontgibaud hat man einen schönen Rundumblick auf die Bergkette der Puys. Die kleine Eisenbahn mit Dampflok, welche die Touristen seit Anfang des Jahrhunderts über den Puy de Dôme *(Doppelseite 134/135)* beförderte, wurde 1926 durch eine Straße ersetzt. 1862 wollte man für das Herrscherpaar des Zweiten Kaiserreichs den Vulkan »entfachen«, indem man auf seiner Höhe mit viel Aufwand Reisig, Harz und Öl verbrannte. Heutzutage kommen die nicht adeligen Touristen hierher, um bei Sonnenuntergang zu erleben, wie der mächtige Schatten des 1000 m hohen Gebirges erst Clermont verdunkelt und dann die ganze Limagne bis nach Thiers in Finsternis hüllt.

An einem heissen Abend Ende August lösten Jack und ich, jeder einen Koffer in der Hand, am Bahnhof von Lyon unsere Fahrkarten nach Clermont. (...) Wir wollten uns echte Ferien gönnen, der Zivilisation der Großstädte entfliehen und uns ein Fleckchen Erde suchen, um dort die wahre Natur zu genießen (...). Gegen zehn Uhr packten wir unsere Taschen und begaben uns auf die Hauptstraße nach Issoire. Die Wolken hatten sich verzogen, und der Puy de Dôme erhob sich über unseren Köpfen in den klaren Himmel. Wir sparten Le Mont-Dore und Royat aus. (...) Während die braven Leute von Clermont am Sonntagmorgen niederknieten, kraxelten wir über die Berghänge.

Edward Barker, 1883

ROYAT

CLERMONT-FERRAND

Rechte Seite: Die Rue des Gras in Clermont-Ferrand (1910) führt zur Kathedrale aus schwarzem Lavagestein, das aus Volvic stammt. Ihre Turmspitzen wurden von Viollet-le-Duc angefügt. Auf dem linken Trottoir, kurz vor dem Hutmacher, dessen Schild man sieht, zeigt das in einem Renaissancebau untergebrachte Musée du Ranquet alte französische Münzen und eins der zehn noch verbliebenen Exemplare der sechsstelligen Rechenmaschine, die 1645 von Pascal erfunden wurde.

Oben: Unterhalb von Vieux-Royat, malerisch zerklüftet von den Schluchten und Kaskaden eines Wildbachs, liegt der stille Garten, in dem sich das Thermalbad, das Kasino und die Reste herrlicher römischer Thermen befinden, um 1900.

DENTISTE

Wenn das Leben in Thermalbädern ein Roman ist, dann ist es in Büchern zu finden. Will man dort große Männer erleben, muss man sie, in Kalbsleder gebunden, im Gepäck mitbringen. Es heißt auch, dass die Gespräche dort äußerst geistvoll seien, dass man nur Künstlern, hohen Persönlichkeiten und Leuten aus der großen weiten Welt begegne, die Ideen, Grazie und Eleganz versprühen, und dass die Blume aller Freuden und aller Gedanken sich dort entfalte. Die Wahrheit ist, dass man in Thermalbädern eine Menge Hüte verschleißt, eine Menge Pfirsiche verspeist, dass man viele Worte macht und, was Menschen und Ideen betrifft, in etwa auf das stößt, was auch anderswo zu finden ist.

Hippolyte Taine, 1855

Le Mont-Dore, dessen Heilquellen schon in der Antike genutzt wurden, zählt zu den berühmtesten Thermalbädern der Belle Epoque. George Sand, Balzac und Proust waren seine illustren Besucher.

Oben: das Kasino und seine eleganten Gäste um 1900. Terrasse und große Glashalle bieten einen herrlichen Blick über den Bergkessel mit dem 1886 m hohen Sancy. Im Kontrast dazu die ernste Atmosphäre im Thermalbad (rechte Seite), das die Heilung Suchenden erwartet.

Doppelseite 140/141: Panorama von Le Puy-en-Velay (von Espaly aus), wo die aus dem Boden schießenden Vulkansäulen den Sockel für Monumente bilden, die diese noch höher erscheinen lassen. *Von rechts nach links:* Notre-Dame-du-Puy, die der Schwarzen Madonna geweihte Kathedrale auf dem Jakobsweg; die kolossale gusseiserne Statue Notre-Dame de France auf dem Corneille-Felsen; die orientalisch anmutende Kirche Saint-Michel d'Aiguilhe, auf einem Lavafinger thronend. *Links außen:* der Bergfried der Festung von Polignac, auf einem Basaltplateau, das 100 m aus der von der Loire und Borne abgeschliffenen Landschaft ragt.

Hier war ein Pass wie der von Killiecrankie, eine tiefe, gewundene Schlucht. Weit unten lärmte wundervoll heiser der Tarn, und hoch oben sonnten sich die Felsspitzen. Wie Efeu an einer Ruine zog sich eine schmale Borte von Eschen um die Hügelkuppen, aber an den niedrigeren Hängen und weit hinauf in jeder Klamm streckten Kastanien ihr ausladendes Blattwerk gen Himmel. (...) Mit Modestines Trödelei und bei der Schönheit der Szenerie kamen wir an diesem ganzen Nachmittag nur wenig voran. Als ich schließlich feststellte, dass die Sonne sich schon aus dem engen Tal des Tarn zurückzuziehen begann, sah ich mich allmählich nach einem Platz zum Kampieren um.

Robert Louis Stevenson, 1878

Oben: La Malène, am Fuß der kurvenreichen Straße über den Causse Méjean, in den 1930er-Jahren.
Nach einem Halt im 500 Jahre alten Schlosshotel, dessen Türmchen zu sehen ist, beginnt die Bootstour auf dem Tarn.
Doppelseite 144/145: Nachdem sich der Fluss durch die Détroits, den Durchbruch unter dem Hourtous-Felsen, geschlängelt hat, weitet er sich für einen kurzen Moment am Cirque des Baumes, zu Füßen des höchsten Punkts, den man am nächsten Tag erklimmt, um das einmalige Panorama auf die Schluchten und die Causses (Hochebenen) zu genießen. Von La Chaise-Dieu aus wanderte Simone de Beauvoir im Sommer 1935 schon seit drei Wochen allein, als endlich »eines Nachts Sartre auf dem Bahnsteig in Sainte-Cécile-d'Andorge erschien. Wenn er wollte, war er ein ausdauernder Wanderer.« Sie begannen alsdann ihre Wanderung an einem Cevennen-Wildbach, über den Aigoual und die Jonte, übersprangen die Schluchten des Tarn, von einem Causse zum anderen, stiegen zum grünen Wasser hinab, wo sie badeten oder am Ufer Flusskrebse und Forellen aßen.
Linke Seite: der Canyon de la Jonte – hier nahe beim Truel, einige Kilometer nach dessen Zusammenfluss mit dem Tarn, um 1880. Auf einer Länge von 25 km ist der Tarn von zwei übereinander liegenden roten Felsformationen flankiert, die eine grün bewachsene Bergstraße trennt.

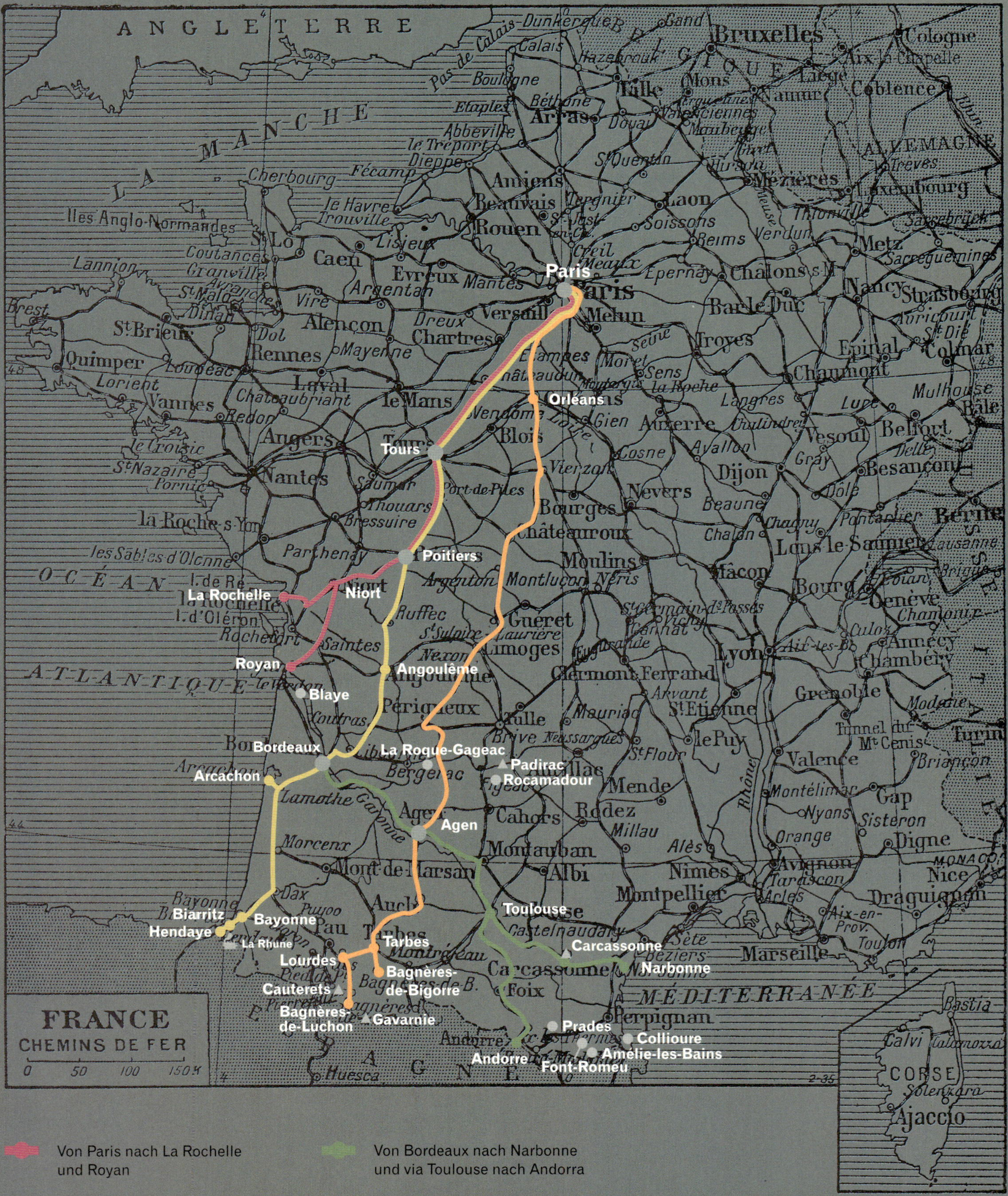

Von Paris nach La Rochelle und Royan

Von Paris nach Hendaye via Bordeaux

Von Paris nach Lourdes, Bagnères-de-Luchon, Bagnères-de-Bigorre

Von Bordeaux nach Narbonne und via Toulouse nach Andorra

Sehenswürdigkeiten und Denkmäler

Touristische Züge

Nach Südwesten

Im Jahr 1900 konnten Reisende, die in den Südwesten unterwegs waren, an der Gare d'Orléans (Austerlitz) oder an der neuen Gare d'Orsay – beide durch eine elektrifizierte Bahnlinie miteinander verbunden – den Zug besteigen. Die Gesellschaften Paris-Orléans und Midi fusionierten übrigens 1934 zur PO Midi, die in Zentralfrankreich und im Zentralmassiv, an der Küste Aquitaniens und in den Pyrenäen verkehrte. Schon in den 1920er-Jahren vereinten die Schnellzüge nach Bordeaux Schnelligkeit mit Komfort, wie auf dem Foto *oben rechts* zu sehen, das den luxuriösen Rauchersalon eines zwischen Paris und Bordeaux verkehrenden »Tagesschnellzugs« zeigt.
Als Vignette: Plakat von E.-Paul Champseix für die Chemins de Fer du Midi, Anfang der 1930er-Jahre.

Zwei Züge trafen sich 1857 in Toulouse; der eine aus Bordeaux kommend mit Émile Pereire an Bord, der andere aus Sète mit Isaac Pereire. Die beiden Brüder umarmten sich und schritten dann unter den Hochrufen der Menge zum Capitole, dem Rathaus. Doch ihre Linie Bordeaux-Lyon überlebte keine vier Jahre, denn letztendlich gingen alle Bahnstrecken strahlenförmig von Paris aus.

Vergessen wir aber die Kapitale und bleiben wir diesseits einer schrägen Linie vom Poitou zum Golfe du Lion. An dem einen Ende das älteste Zeugnis der Malerei Frankreichs: die romanischen Fresken in der Benediktinerabtei von Saint-Savin-sur-Gartempe, vom unermüdlichen Prosper Mérimée auf wundersame Weise gerettet und nun Weltkulturerbe der Unesco. Am anderen Ende die modernste der Künstlerbewegungen in der legendären Zeit des schönen Reisens: der Fauvismus. Henri Matisse und André Derain sind in den Sommern 1905 bis 1907 in Collioure. Im Schatten des Canigou zeigt ihnen Daniel de Monfreid die von Gauguin in Ozeanien gemalten Bilder. Matisse malt voller Elan *Die Lebensfreude*, und Derain zeichnet *Das Goldene Zeitalter*.

Fügen wir dieser Farbpalette das Goldbraun des Cognacs hinzu, das rubinrote Kleid der Bordeauxweine, den schwarzen Diamanten der Trüffel aus dem Périgord, die Licht-

L'ARRIVÉE AU GOUFFRE
L'ORIFICE DU GOUFFRE
LE LAC DE LA
10
25

reflexe im Porzellan aus Limoges an Wänden, die mit Tapisserien aus Aubusson bespannt sind. Auf dem Weg zu den Causses von Quercy, die der Schlund von Padirac durchschneidet, geht es vorbei an den weißen Felsenhöhlen des Vézère-Tals, die dem prähistorischen Menschen als Leinwand dienten, nach Rocamadour, dem Trüffelmarkt, wo die Häuser am Felsen hängen wie die Beutel am Gewand des Heiligen, der in der okzitanischen Sprache »Amadour« heißt. In der Guyenne und in der Gascogne liegt die Wahrheit im

Im Herzen Aquitaniens, in Moissac, am Tarn, die alte Abteikirche Saint-Pierre, ein Meisterwerk romanischer Kunst. *Nebenstehend:* vor dem Portal von Saint-Pierre in Moissac ein Scherenschleifer und ein fahrender Händler bei ihrem Tagwerk, 1920er-Jahre. *Als Vignette:* das friedliche Dorf La Roque-Gageac an der Dordogne, 1920. *Oben:* Rocamadour am Alzou-Canyon.

Linke Seite: 12 km weiter befindet sich der Gouffre de Padirac. 1889 erforschte der Geologe Martel diesen natürlichen 75 m tiefen Schlund, auf dessen Grund er einen unterirdischen Fluss entdeckte. Er wurde ausgebaut und 1898 der Öffentlichkeit zugänglich gemacht. Flachboote bringen den Besucher zum Lac de la Pluie mit seinen »glitzernden Kristallen, seinem Feuerwerk von Stalaktiten, die sich tausendfach im klaren Wasser spiegeln. Die Pracht lässt sich nicht beschreiben, man muss sie sehen«, rühmt die Broschüre von 1927, hier teilweise im Foto abgebildet.

Auf unserem weiteren Weg entlang des Golfe de Gascogne erreichen wir den Hafen von Arcachon. Sein tiefes Becken schützt ihn vor der tosenden Brandung des Ozeans, an dem Kinder verträumt den Matrosen zusehen (*oben*, Autochrom von 1907). Im Zweiten Kaiserreich wurden in den Wäldern Kiefern gepflanzt, und an der baskischen Küste wuchsen neue Badeorte heran: Villen und Hotels reihen sich aneinander, zunächst in Biarritz, dann in Anglet, Chiberta, Guéthary, Saint-Jean-de-Luz ...
Unten: Plakat für das Kasino von Biarritz, um 1900.
Linke Seite: Teestunde im *Golf-Clubhouse* von Chiberta in den 1920er-Jahren. *Very British*, setzte sich der Golfsport an der Côte d'Argent früh durch. Der 1887 von dort lebenden Engländern gegründete Golf du Phare ist einer der ältesten Golfclubs in Europa. Die Prinzessin von Hannover, Großfürst Michailowitsch und König Alfons XIII. von Spanien weilten hier. Zwischen Meer und Wald gelegen, rühmt sich der Golfclub von Chiberta eines außergewöhnlichen Blicks auf den Ozean.

Wein: Michel de Montaigne, der Philosoph und Verfasser der *Essays*, unternahm seine erste Reise nach Paris mit seinem Vater, Exporteur und Erster Magistrat von Bordeaux, in Begleitung von 20 Weinfässern. Damit sollten ihre Gesprächspartner auf die Stadt eingestimmt werden. Und Montesquieu, Autor von *Vom Geist der Gesetze* und Parlamentspräsident derselben Stadt, verfolgte zwei Jahrhunderte später aufmerksam den Versand des Weins, den er nach England verkaufte.

Die vom Prinzen von Wales hoch geschätzte baskische Küste war in puncto Eleganz tonangebend. Kaiserin Eugénie ließ dort die Krinoline fallen: »Eines Tages erschien sie in einem beinahe engen schwarzen Seidenrock. Eine echte Revolution!« Und in Biarritz eröffnete Coco Chanel ihr erstes Geschäft, während Mallet-Stevens in Saint-Jean-de-Luz das erste Art-déco-Kasino entwarf.

Seit der Julimonarchie waren alle Thermalbäder in den Pyrenäen per Eisenbahn erreichbar – Les Eaux-Bonnes,

Zwischen Frankreich und Spanien erstrecken sich, über Täler und Höhen, von einem Meer zum anderen, die schneebedeckten Gipfel der Pyrenäen. Vom grünen Béarn zum roten Roussillon breiten sich Landschaften von erstaunlicher Vielfalt und Schönheit aus, Almen und karstige Hochebenen, schroffe Pfade und Aussichtspunkte, die man auf Eselsrücken erklimmt. Kühle Quellen, Wasserfälle – überall sprudelt Wasser, bildet Seen, speist Thermen.

Oben: Familienfoto auf dem Gipfel des Pic de Jéret; im Hintergrund beobachtet der Bergführer die Szene (Anfang 20. Jahrhundert).

Barèges, Bagnères-de-Bigorre, Bagnères-de-Luchon – und bald auch Lourdes für die anreisenden Pilger. Auf der Atlantikseite, auf drei steilen Terrassen oberhalb der Mündung der Bidassoa, gegenüber der alten Stadt Fontarabie, wohnte der Schriftsteller Pierre Loti im *Bakhar Etchea*. Das »Einsame Haus« war dennoch ein Anziehungspunkt für die Pariser Hautevolee. Ganz in der Nähe besaßen seine Freunde, die Familie Abadie – ihnen widmete er seinen *Ramuntcho* –, ein mittelalterlich anmutendes Schloss, das Viollet-le-Duc für sie entworfen hatte. Auf der Mittelmeerseite, am Canal du Midi, hatte derselbe Architekt und Restaurator gerade die Stadt Carcassonne neu gestaltet, die nun wie ein »Opernbühnenbild« aussah, und in der Tat dienten ihre Gemäuer später als Bühnenhintergrund für eindrucksvolle Theaterinszenierungen.

Unten: la Grande Cascade – der Große Wasserfall des Cirque de Gavarnie; Postkartensouvenir (um 1910).
Rechte Seite: Erinnerungen an eine Reise in die Pyrenäen. *Oben:* das Thermalbad Amélie-les-Bains und sein Grandhotel; *rechts und ganz links:* Erinnerungsfotos aus Cauterets und Gavarnie aus den 1930er-Jahren; *Mitte:* Streckenkarte der Buslinien der Chemins de Fer du Midi, Ausgabe von 1900.

CHEMINS de FER du MIDI
ROUTE DES PYRÉNÉES
Grand Service AUTO-CARS
Carte Itinéraire
Section Luchon-Cerbère
Prix : 0.75
à l'Etablissement Thermal du Teich
GÉNÉRALE DES THERMES
Rhumatismes
LA ROUTE DES PYRÉNÉES

ROYAN IST EIN VERGNÜGLICHER ORT, AUS ALLEN WINKELN DER GASCOGNE kommt man hierher. In der Bucht von Royan und auch in der von Saint-Georges kann man sich kostenlos am ausgelassenen Spiel der Tümmler erfreuen, an ihren waghalsigen Verfolgungsjagden in der Mitte des Flusses und inmitten der Badenden. Zu der Heiterkeit im Wasser gesellt sich die einzigartige Harmonie beider Ufer. Diesseits die einträglichen Weinberge des Medoc, jenseits die Getreidefelder der Saintonge. Der Himmel (...) ist sehr wechselhaft. Über dem Meer und den Flüssen steigen schimmernde Wolken auf. Sie spiegeln sich in seltsamen Farben auf dem Wasser – grün, pastell, rosa und violett.

Jules Michelet, 1870

Royan wurde 1945 völlig zerstört – das Casino de Foncillon *(oben)* mit seiner 45 m langen Fassade an der Avenue de Pontaillac, durch welche die Kleinbahn Decauville fuhr, ebenso wie das zehn Jahre später erbaute städtische Kasino, in dem die Konzerte von Eduard Colonne und Charles Lamoureux stattfanden, die Oper, das Theater und der Palais Royal. Royan war damals die Hauptstadt der mondänen Welt am Atlantik. Täglich wurde die offizielle Liste der am Vorabend eingetroffenen Gäste veröffentlicht, deren Zahl nach 1870 von jährlich 15000 auf über 200000 vor 1910 angestiegen war.

Die Umgebung Royans: schöne Strände *(rechte Seite)*, mit Kiefern bewachsene Dünen rund um die Halbinsel Arvers, der 12 km westlich auf einer Insel im Meer gelegene Phare de Cordouan, vor dem die Dampfschiffe der Compagnie Bordeaux-Océan zwischen der Pointe de Graves und Soulac kreuzten, und die Marenne-Austern, die Emile Zola und der Maler Gustave Courbet bergeweise verschlangen.

Doppelseite 154/155: La Rochelle um 1890. Die Hafentürme, Tour Saint-Nicolas und Tour de la Chaîne, sahen viele Schiffe vorbeiziehen, die an der Kolonisierung Kanadas und später am Fayence-Handel beteiligt waren.

HINTER UNS, MIT DEM HORIZONT ENTSCHWINDEND, zeichnet sich am azurblauen Himmel das kühne Profil von Angoulême ab, fest auf einer Anhöhe verankert. Da ist zunächst die erstaunliche Vielfalt der Oberstadt, die auf die Viertel an den Gestaden der Charente hinuntersieht, (...) dann wiederum ein anderer Ausblick, und vom Glockentürmchen des Rathauses, dessen elegante Silhouette sich einsam, inmitten der fernen Hügel, allmählich im Dunst verliert, hallt ein letzter Ruf, dass der verzauberte Tourist sich Angoulêmes erinnern möge.

Maurice Martin, 1889

Zwischen Paris und Bordeaux fährt der Zug durch einen Tunnel unter Angoulême her. Die Stadt liegt auf einer Anhöhe über dem Zusammenfluss von Anguienne und Charente, die zahlreiche Betriebe mit Wasser versorgen, vor allem Papierfabriken und Cognac-Brennereien. *Im Bild oben* (1890) sieht man die hohen Kamine, den einen gleich links vom Bootsmast, den anderen hinter dem Zeltdach des Waschhauses und dazwischen noch zwei weitere. Die Kirchturmspitzen auf der Anhöhe von Angoulême hat der Architekt Paul Abadie, einer der schlimmsten Epigonen Viollet-le-Ducs, bis zur Unkenntlichkeit verunstaltet.

Der große Turm ist das von Maurice Martin beschriebene Glockentürmchen des Rathauses, einziges Überbleibsel des alten Schlosses der Herzöge von Angoulême; ein weiterer, einzeln stehender Turm ist, genau wie der erste, eingezwängt in ebenso moderne wie banale Bauten. Es scheint, als singe die Fähre, die wie eine Drehorgel angekurbelt wird, über die Charente die Totenklage des alten Bergfrieds und als verwehre sie den Lastkähnen die Durchfahrt, um die Cognac-Fracht bei sich zu behalten.

Heute Morgen um acht Uhr bestieg ich in Bordeaux den Dampfer nach Blaye. Jede Viertelstunde fallen ein paar Tropfen, und alle zwei Stunden gibt es einen Regenguss. Der Wind kommt von Westen. Trotz des Regens bleibe ich auf Deck. Ich möchte jede Einzelheit des großartigen Hügels von Lormont mit seiner Bergkette sehen, auf deren Anhöhen Landhäuser und hohe Bäume thronen. Ich erkenne das Schloss im Sumpfland, wo Monsieur de Peyronnet residiert. Er macht dort 200 Fässer guten Palud-Weins, recht kräftig, wie mir ein Matrose sagt. Ein gefragter Tropfen auf dem Schifffahrtsweg zur Île-de-France; das Meer bekommt ihm gut, und der Besitzer verkauft das zwei- oder dreijährige Fass für 200 Franc. Ich sehe den Bec d'Ambès (...). Ich sehe Blaye und seine Zitadelle, die einst dem Grafen von Saint-Simon gehörte, dem Vater des großen Historikers. Ich entdecke plötzlich acht bis zehn schöne dreistöckige Häuser, die wie stattliche Landsitze aussehen: Das ist Pauillac.

Stendhal, 1838

Nach der Landzunge von Ambès, die den Zusammenfluss von Dordogne und Garonne wie ein Steven durchfurcht, fließt der Strom, nun die Gironde, am linken Ufer an den Weinbergen des Haut Médoc, dann des Médoc vorüber. Auf der anderen Seite des Flusses, unter schroffen Kalksteinhängen, liegen die Weinberge

Oben: die Fähre heute.

In Blaye ist die Gironde drei Kilometer breit; in Bordeaux waren es keine 500 Meter! Der zum Meeresarm gewordene Fluss öffnet sich noch weiter – auf der Höhe von Mortagne hat er eine Breite von zehn Kilometern –, bis er sich zwischen der Pointe de Graves und Royan wieder verengt. Wegen

Von weitem könnte man meinen, die Felder seien kahl. Die Weinberge, die alles bedecken, was nicht Kiefernwald ist, reihen sich in langen, schnurgeraden Spalieren. (...) Zuerst bemerke ich in diesem recht einsamen Land ein paar große Bäume um eine Art Schloss mit einem Turm. Kurz darauf komme ich zu einem etwas sonderbaren eingeschossigen Gebäude. »Das sind Pferdeställe, die einem reichen Besitzer gehören, dessen Schloss eine Viertelmeile von der Straße entfernt liegt«, sagt mir der Postillon. Ich glaube eher, dass es ein Weinlager ist.

Stendhal, 1838

Das Bordelais ist Frankreichs größtes Weinanbaugebiet, 100 000 Hektar AOC-Weine und 4 000 mit der Bezeichnung »Château«, etwa so viele Rot- wie Weißweine. Hier ist man im Herzen der berühmtesten Grands Crus des Médoc, an erster Stelle Lafite-Rothschild *(nebenstehend)*. Im Hintergrund das Schloss mit seiner Terrasse aus dem 18. Jahrhundert; im Vordergrund das Waschhaus.

Linke Seite: Von Pauillac kommend, Richtung Saint-Estèphe, recken die Chais (Weinlager) des Cos d'Estournel, eines Landsitzes aus dem 19. Jahrhundert im orientalischen Stil, ihre Pagodendächer über die Anhöhe, als wollten sie die Weinberge im Auge behalten. Ist es nicht wunderbar, dass an den Gestaden einer Flussmündung, am Ausgang eines Hafens ein Wein angebaut wird, der sich so gut auf dem Meer hält, dass er zur weiteren Entfaltung auf Reisen geschickt wird – ein Wein wie geschaffen für Passagierdampfer, für die Festtafel der *France*, der *Paris*, der *Normandie*.

In Bordeaux sollte man zuerst das Palais Gallien besichtigen, ein römisches Baudenkmal im Saint-Seurin-Viertel, das während der Revolution stark beschädigt wurde. Die Überreste lassen erahnen, was es einmal war – ein Amphitheater ganz aus Backstein, wie alle Bauwerke des späten Römischen Reichs. Es wurde unter Kaiser Gallienus gebaut. Die Normannen, die unter den schwachen Nachfolgern Karls des Großen häufig hier einfielen, zerstörten die meisten Bauwerke, welche die Römer während ihres langen Aufenthalts errichtet hatten.

Henrica Rees van Tets, 1819

Oben: die Kolonnade des Grand Théâtre, auf der zwölf Statuen von Musen und Göttinnen stehen (Postkarte, um 1910).
Rechte Seite: das Palais Gallien, einziger Überrest der beiden römischen Bauwerke von Bedeutung, welche die Stadt besaß, nachdem Ludwig XIV. den Tutelle-Tempel mit seinen 24 kannelierten Säulen und seinen mächtigen korinthischen Kapitellen hatte niederreißen lassen, sowie ein paar Joche und Arkaden eines 111 m breiten und 133 m langen Amphitheaters, das 15 000 Zuschauer fasste (1890).
Doppelseite 166/167: der Hafen von Bordeaux um 1900. In der Flussbiegung der Garonne: die Place Royale, heute Place de la Bourse; dieses Werk Jacques Gabriels, 1730 bis 1755 erbaut, bildet das Herzstück des Hafenrings, ein Abbild des Erdballs, den die hoch beladenen Segelschiffe aus Bordeaux umkreisen.

Palais Galien

Wir gelangten zu einem einsamen Platz, auf dem das Mittelalter, wie es scheint, seinen Galgen errichtet hatte. Wie im Altertum zur Verteidigung der Stadt üblich, wurde der Platz von einem massiven Tor beherrscht, der *Porte de Cailhau.* An der Ecke zur Rue du *Chai-des-Farines* lag das schäbigste Café der Stadt, von Isidore Tétard geführt. Dort ließen wir uns für einen Moment unter der Markise nieder, bestellten uns eine Flasche Bier, gingen dann über die Kais weiter, wo wir interessiert die Schiffe, die aufgestapelten Fässer und die Kinder beobachteten, die versuchten, ein paar dünne Aale zu fangen.

Francis Jammes, 1921

Oben: die Tourny-Allee, vom gleißenden Sonnenlicht der Mittagsstunde wie leer gefegt (koloriertes Foto von 1910). Sie führt zum Grand Théâtre, dessen Kolonnade Victor Louis von 1773 bis 1780 an der Stelle errichtete, wo einst der Tutelle-Tempel stand. *Rechte Seite:* am Ausgang der Place du Palais zur Garonne, zwischen Quai de la Douane und Quai Richelieu, die Porte Cailhau von 1495 (Foto um 1890), in der heute das Musée du Vieux-Bordeaux beheimatet ist. Bordeaux und sein Vorhafen Pauillac trieben Handel mit Mittel- und Südamerika, Marokko und Westafrika.
Hier wurden exotische Hölzer, Vanille und Kakao, Rum und Kaffee entladen. Ihr Duft vermischte sich mit dem Geruch der Fässer, ihrem Kiefernharz und Eichenholz.

PAVILLONS
ÉTAMINES
MEABLES

Heute Morgen ging ich nach La Brède. Als ich dort ankam, erfüllte mich kindliche Ehrfurcht, wie damals beim Besuch von Potsdam. Der Tag in La Brède wird mein Leben prägen. (...) Der Landsitz La Brède, wo Montesquieu geboren wurde, den er aber kultivierte und vergrößerte, liegt am äußersten Rand der bebauten Felder, auf der rechten Seite der Straße von Bazas nach Bayonne. (...) Ich war voller Aufmerksamkeit und erblickte ein nahezu rundes Gebäude ohne Fassade, umgeben von recht breiten Gräben mit sauberem, aber kaffeebraunem Wasser. Dieses Wasser kommt aus den Landes, und Fische können darin nicht leben. (...) Das Schloss liegt erhöht; es sieht mächtig aus. (...) Will man hinein, muss man über drei Zugbrücken gehen. (...) Eine kleine Dienerin führte uns übellaunig in ein nussbaumvertäfeltes Esszimmer, in dem alles spitzbogenförmig ist, selbst die Sessel und Stühle.

Stendhal, 1838

LA BRÈDE

La Brède – im Bordelais bedeutet das Wort »Sumpf« –, ein befestigter Landsitz aus dem 13. und 15. Jahrhundert, der die späteren Jahrhunderte – nach Montesquieu – nahezu unverändert überstand. 16 Hektar Weinberge in den Graves gehören noch immer zur Domäne, zehn an der Zahl. Montesquieu, der hier 1689 geboren wurde, schrieb in La Brède die meisten seiner Werke. In seinem Schlafgemach *(rechte Seite)* erhellte nur ein nach Süden gehendes Fenster »die extreme Einfachheit des großen Mannes«, vertraut uns Stendhal an.

Arcachon ähnelt in erstaunlichem Masse jenen amerikanischen Städten, die aus der Mitte des Urwalds erwachsen und deren Straßen, ungeachtet aller Hindernisse, in der Abgeschiedenheit gebaut werden. Es sind dieselben vereinzelten, mit Büschen eingefassten Häuser, dieselben mit Kiefern bewachsenen Hügel, es ist dieselbe Ebene mit langen, flachen Stränden. Ringsum sieht man neue Häuser entstehen, Schweizer Chalets, gotische Landhäuser, maurische Pavillons und sogar indische Pagoden und chinesische Tempel.

Élise Reclus, 1870

Oben: der Yachtclub von Arcachon, um 1870. Durch die Brüder Pereire und ihre Eisenbahnlinie, die Chemins de Fer du Midi, wurde das Strandbad der Bürger von Bordeaux Mitte des 19. Jahrhunderts zu einem eleganten Bade- und Luftkurort.
Rechte Seite: Das maurische Kasino, sein Theater, ein Kleinod inmitten eines Gartens, Richtung Allée des Dunes, und das Theater am Seeufer, ein Mini-Chambord zwischen dem Boulevard de la Plage und der Mole, von wo aus das Schiff zum Cap Ferret fährt – all dies erklärt den kostbaren Einband des *Guide Diamant* von Adolphe Joanne im Jahre 1870.

Die Villen aus der Jahrhundertwende stehen zwischen der Dune du Pyla, einer 115 m hohen Sandwelle, und der Bucht, deren stachelige Austernbänke einem Stoppelfeld ähneln. Vertauschte Rollen: Das Mineral – der Sand – rieselt in winzigen Kristallen, und das Wasser wird abgeerntet wie sonst das Land.
Doppelseite 174/175: Biarritz. Vom Rocher de la Vierge, der mit der Küste über eine schmale Brücke verbunden ist, reicht der Blick, durch die aufschäumende Gischt der hereinbrechenden Wellen hindurch, vom Adour bis nach Spanien.
Doppelseite 176/177: ein Felsen am Strand, Vorbote weiterer Felsen, wie eine Handvoll Würfel oben vom Casino Bellevue hinabgeworfen, Trennlinie zwischen der Grande Plage und der Plage des Basques.

GUIDES DIAMANT
AD. JOANNE
BORDEAUX
ARCACHON-ROYAN
HACHETTE et Cie
RCACHON. — LE CASINO. — LL.

Es gibt kaum ein »Fleckchen«, das so bezaubernd ist: Biarritz hat nichts Künstliches, nichts Abgedroschenes. Ein gesittetes Dorf mit eigenwilligen und schiefen Gebäuden, mit Häusern, die vom Himmel gefallen zu sein scheinen, Straßen, die ansteigen und abfallen. Von jeder Straßenbiegung aus kann man den wilden blauen Ozean sehen. Biarritz ist das Bournemouth der Bucht von Biskaya, jedoch mit der Sonne und den Farben Italiens.

Count Henry Russel, 1905

BIARRITZ

Biarritz – auf baskisch »Zwei Felsen« – ist kaum mehr als ein Erholungsort für die Bewohner von Bayonne, als der blutjunge Flaubert 1840 dort den Tag damit verbringt, zu tanzen, zu schwimmen und, so ganz nebenbei, einen Ertrinkenden herauszufischen. Ehemals Stammgast aus dem nahen Spanien, jetzt Herrscherin der Franzosen, bringt Eugénie de Montijo 15 Jahre später ihren kaiserlichen Gemahl mit hierher, der für sie die Villa Eugénie bauen lässt, unmittelbar am unendlichen Strand (*oben*, um 1890). So weit von den Tuilerien entfernt, führt man dort ein fast einfaches Leben. Im alten Hafen der Walfischfänger befreit sich die Kaiserin – und der gesamte Hofstaat mit ihr – von der Korsettmode. *Doppelseite 180/181:* die ehemalige Villa Eugénie, nunmehr Hôtel du Palais: Nachdem der Second-Empire-Bau als Kasino gedient hatte und abgebrannt war, wurde aus ihm ein Belle-Epoque-Gebäude und aus dem Prinzen von Wales König Eduard VII. Dieser machte das Hotel praktisch zu einer Nebenstelle des Buckingham Palace, wenn nicht gar zur Hauptstelle. Zehn Jahre später wandelte man in langen Jersey-Blusen mit Seemannskragen, dann in Coco Chanels »Strandpyjamas« aus weißer

Biarritz ist sympathisch, kann doch der Prinz von Wales hier leben wie Herr Soundso und Herr Soundso wie der Prinz von Wales, vorausgesetzt, er verfügt über einiges Kapital oder er verkauft Ware für teures Geld. (...) Der Prinz von Wales kommt nach Biarritz, weil die Nachbarschaft ganzer Horden von Herren Soundso ihn nicht stört. Ganz im Gegenteil, diese Horden schaffen eine Atmosphäre, die es ihm endlich einmal erlaubt, ein paar Tage lang frei wie die Luft zu leben. Herr Soundso, unter uns gesagt, kommt nach Biarritz, weil er dort den Prinzen von Wales trifft; und so verbringt jedermann seine Zeit in respektvoller Indifferenz.

Pierre d'Arcangues, 1927

Seide unter den Stuckmedaillons, auf denen weibliche Grazien dargestellt waren, und das Palasthotel richtete seine Salons für die Feste der wilden 1920er-Jahre her. *Doppelseite 182/183:* Die Côte d'Argent beginnt in Arcachon und endet in Bayonne. Berühmt für ihre Eleganz sind Le Moulleau, Le Pyla und Pilat-Plage, das nach Hossegor führt. Dazwischen liegen eher familienfreundliche Badeorte wie Biscarosse, Mimizan oder Léon.

Ich kann Ihnen nicht viel über Bayonne sagen. Die Stadt ist ganz wunderschön gelegen, inmitten grüner Hügel, am Zusammenfluss von Nive und Adour, die dort eine kleine Gironde bilden. Aber diese hübsche Stadt, dieser schöne Ort wurde in eine Zitadelle umgewandelt. (...) Ein Meisterwerk Vaubans. Nun ja. Eins steht jedenfalls fest, Vaubans Meisterwerke verunstalten Gottes Meisterwerke.

Victor Hugo, 1839

Oben: Bayonne um 1890. Von links nach rechts, unterhalb von Saint-André die Brücke Saint-Esprit, die Place du Réduit am Zusammenfluss von Adour und Nive und an der Mayou-Brücke, die zur Altstadt führt, und schließlich die Kathedrale Sainte-Marie. Die kleine, bezaubernde Stadt Bayonne ist auch Ausgangspunkt für Ausflüge: »Wir stiegen in den Zug nach Bayonne und machten eine Tour ins Baskenland. Der Frühling stand in voller Blüte, und auch ich blühte auf. In Itxassou gehörte eine Art Altan zu unserem Zimmer, ein Baum, zu dem man über einen Steg gelangte. Man hatte im Laubwerk eine Plattform gebaut, wo Sartre sich zum Arbeiten einrichtete, während ich in den Hügeln der Umgebung herumwanderte. Ich ging durch Farnkraut, in meinen Augen spiegelten sich die Sonne und das Rosa der Pflaumenbäume«, schreibt Simone de Beauvoir im Sommer 1938. Vauban ist weit weg.

Lourdes empfing mich mit Regen, einem Platzregen, und einem Hotel, in dem alle schönen Zimmer vergeben waren. Und in meiner üblen Laune überkam mich das Verlangen, gleich am nächsten Morgen abzureisen! Aber ich ging einen Moment vor die Tür – und dann erblickte ich die Kranken, die Jammergestalten, die sterbenden Kinder, die man vor die Statue brachte, die Menschen, die sich zum Gebet auf den Boden geworfen hatten. Ich blickte auf die aus der Halluzination eines fünfzehnjährigen Mädchens geborene Stadt. In unserem Jahrhundert der Skepsis sah ich einen mystischen Ort, die Grotte, die endlose Prozession in der Landschaft, den Ansturm von Pilgern aus der Bretagne und dem Anjou. (...) O ja, dieses Spektakel nahm mich gefangen, ergriff mich so sehr, dass ich nach meiner Abreise Richtung Tarbes zwei volle Nächte damit verbrachte, über Lourdes zu schreiben.

Emile Zola, 1893

Oben: Vom Béout hat man aus 792 m Höhe einen schönen Blick auf den Pic du Jer, auf Lourdes und das ganze Tal des Gave du Pau (Foto um 1940). An der Flanke des Béout wurden in einem 90 m tiefen Schlund vorgeschichtliche Werkzeuge gefunden. *Rechte Seite:* Die Grotte und Votivgaben sehen aus wie ein seltsames Stalaktitengebilde; hierher strömen seit 1872 von Hoffnung beseelte Pilger, unter ihnen auch die Schreiberin dieser Karte.

Doppelseite 186/187: eine Reisegruppe in feierlicher Haltung, wie es sich im Angesicht der Rosenkranzbasilika und der oberen Basilika gehört, unter der sich – entlang des Gave – die wundersame Grotte befindet; Postkarte, um 1925.

QUE SOY
ERA
CHEMINS DE FER DU MIDI
Ma chérie
Que la Sainte
Vierge te protège
ta vie
C'est le
de

1.300 Fuss. Man könnte unsere alte Notre-Dame sechsmal übereinander stapeln, ehe die hohe Balustrade ihrer Türme an der Wasseroberfläche auftauchen würde. (...) Eine dunkelgrüne Wasserstelle, ungemein anmutig, ungemein hübsch und heiter, umgeben von hässlichen, zerfransten, deformierten, zerfallenen, schrecklichen Felsen. Am Rande sieht man unter der durchscheinenden Wasseroberfläche die Granitfelsen, die jedoch sehr schnell unserem Auge entschwinden (...) Eiskaltes Wasser. Wer da hineinfällt, kommt darin um. In den letzten 90 Jahren, die der alte Fischer hier war, hat er nie jemanden baden sehen.

Victor Hugo, 1839

Oben: Waren die verzweigten Eisenbetontore der Gaststätte erst einmal beiseite geschoben, hallte von den Bergen das Echo der Tonübungen von Sängern, Schauspielern, Rednern, Advokaten und Predigern wider. Sie alle kamen zur Pflege ihrer Stimmbänder nach Luchon (Foto um 1900). Von den Wasserfällen in Cauterets ist der des Pont d'Espagne der schönste *(nebenstehend)*. Auf dem Pfad hinter dem gleichnamigem Hotel führt eine Seilschwebebahn zum Lac de Gaube *(rechte Seite*, 1910) in 1789 m Höhe; dieser See wird von den Gletschern des Vignemale gespeist, die ihn mit ihren 3298 m überragen.
Doppelseite 190/191: Autochrom von 1907 des Cirque de Gavarnie. Das Schönste, das Flaubert auf seiner Reise im Jahr 1840 sah.

Unten im Bild: le pont de neige, die Schneebrücke: »Man geht unter einer langen Wölbung am Gießbach hin, deren harte Schneewände wie Diamantstaub glitzern. Es sieht aus wie orientalischer Alabaster, der vom Tau feucht ist; von oben tropft Wasser auf unsere Kleider; der Gießbach führt Steine mit sich, und die Weiße der Schneewände erhellt die Dunkelheit; gebückt klimmt man über Marmorstücke in dieser Feenbehausung. Wenn man wieder ans Tageslicht kommt, sieht man den Talkessel, seine Felsen, kleine Tannen und in der Tiefe das von der Sonne verbrannte Gras.«
Als Faksimile: Font-Romeu, bedeutender Wintersportort in den Ostpyrenäen; Werbung für die Saison 1930/31.

Der Carlitte, höchster Gipel der Ostpyrenäen, spiegelt sich im See. Schon bald tauchen in der Höhe vor den Kiefernwäldern die Häuser, das Kasino und die Hotels von Font-Romeu auf. Ein großes Bauwerk ragt heraus. Festung oder Schloss? Es ist das Grandhotel mit seinen Gärten, seinen Terrassen, seinen Spielen und der ganzen mondänen Zauberwelt, die sich extrem modern gibt. (...) Eine unglaublich zartblaue Klarheit liegt über den Grünflächen, die mit verhaltener Heiterkeit funkeln, einer Heiterkeit, die sich ihrer sehr sicher ist. Das Gras fühlt sich weich unter den Füßen an, genauso weich wie die Sonne auf dem Gesicht des Spaziergängers.

Paul Guiton, 1939

Linke Seite: Ungefähr 1910, zwischen Ax-les-Thermes und Bourg-Madame, betrachten zwei Touristen – wahrscheinlich auf der Brücke von Saillens – die Cascades des Bézines. Beide Wasserfälle werden vom Wildbach gebildet, der von den Ausläufern des Pic de Madidès herabstürzt. Vor ihnen liegt in 1915 m Höhe der Col de Puymorens, der das Tal der Ariège, eines Nebenflusses der Garonne, mit dem Tal des Carol, Nebenfluss des Ebro, verbindet. *Nebenstehend:* in 2016 m Höhe, eingerahmt von Wäldern und Wiesen, der Lac des Bouillouses, ein Stausee im Hochtal der Têt, inmitten rund geschliffener Felsen (Foto aus den 1930er-Jahren). Das ist die französische Hälfte der Cerdagne: In den Tälern sind die »Solana«, die sonnigen Höhenlagen, einer Sonneneinstrahlung ausgesetzt, vergleichbar mit der von Algier; Kennzeichen der »Baga«, der schattigen Lage, sind trockene Luft, nicht feucht und nicht neblig, und kühle Nächte, selbst mitten im Sommer – was Font-Romeu zu einem idealen Luftkurort macht. *Doppelseite 196/197:* Der Canigou wacht über das Städtchen Prades, das mit der Kirche Saint-Pierre und dem romanischen Glockenturm sowie den Trottoirs mit Bordsteinen aus rosa Marmor wartet, bis wieder das Pablo-Casals-Festival beginnt, dessen Seele der große Violoncellist, der im Exil lebte, so lange war.

Am Anfang der Strasse, die von der Place de la Trinité zur Brücke führt, stehen hübsche Gebäude mit Gesimsen und Säulen, das Ganze aus Backstein wie alle Gemäuer in Toulouse. Es gibt sogar ein Haus mit gar nicht so üblen Karyatiden. Diese Straße hat als einzige ein Trottoir mit kleinen, mandelförmigen Pflastersteinen; aber schon zehn oder zwanzig Jahre später wird der Magistrat von Toulouse Bürgersteige aus Bitumen kennen lernen, die für Länder mit infam spitzen Pflastersteinen erdacht und auserkoren wurden.

Stendhal, 1838

Flaubert schreibt: »Erst in Toulouse wird der Reisende gewahr, dass er das Gebirge verlassen hat und in den eigentlichen Süden kommt. Man isst Unmengen von roten Früchten, Feigen mit saftigem Fleisch.« Damit spielt er auf die Farben der Stadt an, von der es heißt, sie sei rosa am Morgen, rot in der Mittagszeit und malvenfarben in der Abenddämmerung. *Oben:* Place du Capitole um 1900. Hinter dem rechten Flügel der 120 m langen Fassade des Rathauses, Mitte des 18. Jahrhunderts erbaut, befindet sich einer der großen Musentempel Frankreichs.

Rechte Seite: Pont Neuf und Notre-Dame-Dalbade. Aufgrund eines hier unüblichen Kalkanstrichs war die Kirche, in der rosa Stadt ein Paradox, ursprünglich weiß, was ihr den Namen Dalbade (Alabaster) einbrachte. Vom 1926 eingestürzten Glockenturm ist nur ein nahezu kubischer Sockel geblieben; zusammen mit dem hier wie auch in den anderen Kirchen der Stadt sehr breiten Kirchenschiff – ermöglicht durch die Leichtigkeit des örtlichen Backsteins – wirkt der Bau wie die Antithese zur hoch aufragenden Gotik des Nordens.

ASerre

Wir liefen entlang der Zinnen und der Chemins de Ronde, stiegen Türme hinauf und hinunter, krochen unter Bögen hindurch, lugten durch Schießscharten, zwängten uns in Verliese, machten Halt an allen möglichen Engstellen (...). Das war sehr seltsam, sehr interessant, vor allem aber sehr pittoresk, und es gewährte uns ständig neue Ausblicke auf die kleine, verwinkelte und zerfallene, von der Sonne beschienene, grün bewachsene und leere Cité. (...) Was mich betrifft, so zögere ich nicht einen Moment – mir sind Ruinen, wie ruinös auch immer, in jedem Fall lieber als Rekonstruktionen, mögen sie auch noch so herrlich sein. Was bleibt, ist kostbarer als das, was hinzugefügt wird.

Henry James, 1877

Carcassonne vor und nach der Restaurierung (*nebenstehend*, 1851; *rechte Seite*, um 1880). Viollet-le-Duc baute eine komplette kleine Burg vor dem Narbonnaise-Turm, ersetzte die Ziegel der Dächer durch Schiefer und fügte den alten Steinen eine Unzahl neue hinzu.
Doppelseite 200/201: die Aude unterhalb des Pont Vieux; ursprünglich floss sie am Fuße der Festungswälle der Cité, bis der heilige Ludwig ihren Lauf umleiten ließ.

Flaubert fährt fort: »Die Bewohner des Languedoc sind tüchtige Trinker und führen ein angenehmes und leichtes Leben; in Carcassonne, in Narbonne, auf dem ganzen Weg von Toulouse nach Marseille sieht man weite Ebenen mit Weinreben, die das Land bedecken. Hier und da erscheinen die grauen Massen der Ölbäume, die sich wie Seidenpompons ausnehmen; in der Ferne sieht man die Berge des Hérault. Die Luft ist warm, und man lächelt vor Behagen unter dem Hauch des Südwindes. Die Menschen sind sanft und höflich.«

Der Markt fand zum Teil auf dem kleinen Platz vor dem Rathaus statt, einem Gebäude, das in einem Holzschnitt im *Guide Joanne* so schmeichelhaft abgebildet war, dass ich Lust bekam, es mir anzusehen. Die Realität war wenig beeindruckend, da die ursprüngliche Farbe der Fassade durch die Restaurierung völlig verloren gegangen war. (...) Der Canal du Midi fließt durch die Stadt und ist an dieser Stelle von einer kleinen Hängebrücke überspannt; er eignet sich recht gut zum Skizzieren. Am anderen Ende standen die Straßenhändler und Marktfrauen – alte Frauen unter Markisen und großen Schirmen, wackelige Tische mit Unmengen von Früchten, weißen Mützen und gebräunten Gesichtern, Blusen, Holzschuhen, Eseln. Weiter unterhalb bot sich ein anderes Bild: Lange Reihen Wäscherinnen knieten am Rande des Kanals, schlugen und wrangen Narbonnes schmutzige Wäsche aus (...). Über den ganzen Platz verstreut kaufte und verkaufte eine große Schar tiefbrauner Männer Wein. Andere standen breitbeinig herum, zu zweit oder in Gruppen, die Hände in den Taschen, dicht gedrängt vor den Türen des Cafés.

Henry James, 1877

Oben: Collioure um 1930. In der Mitte ein altes Schloss, zu seinen beiden Seiten ein Hafen, eine Kirche, deren Glockenturm ehemals ein Leuchtturm war, Strände voller bunter Boote, Berghänge, deren Terrassen mit kleinen Mauern eingefasst sind, hoch oben das Fort Saint-Elme und ein alter Wachturm. 1905 wird in Collioure der Fauvismus begründet, von Henri Matisse und André Derain, der hier am 10. Juni seinen 25. Geburtstag feiert, dort »ein goldblondes Licht antrifft, das keine Schatten wirft«, das Licht der Côte Vermeille mit ihren reinen Farbtönen.

Linke Seite: der zum erzbischöflichen Palast gehörende Bergfried Gilles Aycelin, im 14. Jahrhundert zur Verteidigung des Hafens von Narbonne errichtet. Im Vordergrund der Canal de la Robine mit Wäscherinnen. Aus der einstigen Hauptstadt des römischen Galliens, aus einem nutzlosen, weil versandeten Hafen, ist kein musealer Ort geworden, sondern eine alte Stadt mit reichen Museen, verwinkelten Gässchen und einem Gürtel schattiger Boulevards.

NARBONNE

COLLIOURE

Von Paris nach Straßburg und Colmar

Von Paris nach Belfort

Von Paris nach Nancy und Épinal

Sehenswürdigkeiten und Denkmäler

Nach Osten

Oben: Gare de l'Est, vormals Gare de Strasbourg, um 1880. Dieser 1850 eingeweihte Bahnhof ist das Werk des Architekten François Duquesney. Die von einem halbkreisförmigen, großen Fenster durchbrochene Fassade der zentralen Halle lässt den Blick frei auf die verglaste Eisenkonstruktion, unter der sich die Schalter befinden. Wenig Ornamente, wenig Skulpturen, dafür funktionelle Eleganz, weswegen das Gebäude als Modell der Eisenbahnarchitektur gilt. Die Gare de l'Est wurde seit ihrer Erbauung mehrmals erweitert, hauptsächlich zwischen 1924 und 1931: Die neue, viermal längere Fassade mündet in einen exakten Nachbau des ursprünglichen Gebäudes.

Unten: Vittel, das bekannteste Thermalbad im Osten Frankreichs, hier verbildlicht in einem Heft aus der Belle Epoque und einem Foto des Grandhotels Ermitage im Jahr 1935 (im Vordergrund der Golfplatz).

Der Zug bringt die Ausflügler in den nahe der Hauptstadt gelegenen Wald von Fontainebleau – seit den 1860er-Jahren und der Markierung der Wege sind es 100 000 pro Jahr – und die Reisenden zur Grenze, nach Straßburg, das genauso weit von Paris entfernt liegt wie von Prag. Von der 142 Meter hohen Turmspitze des Münsters, die schon Goethe und Victor Hugo erklommen haben, erscheint Frankreich winzig, und »La Petite France« heißt auch das Gerberviertel, dessen Häuser und Erker sich in den verzweigten Flussarmen der Ill spiegeln, dazwischen die Türme der überdachten Brücken.

Die Eisenbahnlinie, die durch die Hochvogesen fährt, lässt rechter Hand die stillen Wasser der Seen liegen, die wie Meere heißen und doch so ganz anders sind: Gérardmer, Retournemer, Longemer, desgleichen die Quellen, denen die eisen- und kohlensäurehaltigen Mineralwasser von Plombières, Vittel, Contrexéville entspringen – rund um Épinal, das mit seinen Papierbildern die Kinder lehrt, sich vorbildlich zu benehmen.

Um zu den eisenhaltigen Wassern zu gelangen, brauchte die Eisenbahn Napoleons III. acht Stunden und 45 Minuten von Fontainebleau nach Plombières. Zeit genug für den Herrscher, über eine Reglementierung der Hydrotherapie nachzudenken, und für Haussmann, den Sohn Colmars, um die Quellen herum einen kaiserlichen Park zu entwerfen.

Nördlich der Bahnlinie, in den Unteren Vogesen, wird in Baccarat und Saint-Louis das Rohmaterial für die Glas-, Kristall- und Spiegelindustrie verarbeitet. Die Kunsthandwerker der Schule von Nancy gestalteten die Distel im Wappen der Stadt um in Aaronstab und Orchidee, die dem Jugendstil als Königinnen unter den Blumen galten. Marcel Proust schreibt: »Bald würde Winter sein; an der Ecke des Fensters würde sich, wie auf einem Glas von Gallé, eine frostige Schneeader zeigen ...« Die Künstler Lothringens machen die Natur zu einer Imitation ihrer Kunst: An den Balustraden der großen Treppe in den Galeries Lafayette lässt Louis Majorelle Silberblatt ranken. Schmiedeeisernes Rankenwerk schmückt die Gittertore der Hospitäler von Besançon und Lons-le-Saulnier und rivalisiert mit den Meisterwerken von Jean Lamour auf der Place Stanislas in Nancy. Reims zaubert mit seiner Kathedrale ein Lächeln auf die Steine. Der Engel ist dem Liebhaber von Champagner barmherzig gesinnt, Region und Wein sind eins, überall verweisen die Ortsnamen auf Weine. An der Côte des Blancs – von Épernay bis zum Mont Aimé – finden sich so edle Weinlagen, dass manche mit einem Heizungssystem vor dem Winter geschützt werden. Jenseits der Berge, zu Füßen der Madonna im Rosenhag von Colmar, wachsen die elsässischen Weinreben. Der Wein reift auf einem lang gezogenen, wohl bestellten Landstrich zwischen Vogesen und Rhein, eingebettet in das Blütenmeer der Geranien und das braune Rautenmuster der Fachwerkhäuser. Die »Ballons« im Rücken, durch die Burgundische Pforte hindurch, kommt der Reisende ins fromme Beaune, die Stadt des Weins. Im Clos de Vougeot, dem Weingut, das die Zisterziensermönche von Citeaux begründeten, versammelt sich die Bruderschaft der Chevaliers du Tastevin, eine illustre Winzervereinigung. Drei Regionen eint hier der Wein: Im lothringischen Baccarat werden die Kelche für den Champagner aus Reims und Épernay ziseliert und die bauchigen Flacons für den schweren Burgunder. Die Weinberge von Gevrey-Chambertin erstrecken sich bis vor die Tore Dijons, der Stadt Frankreichs, die mit Paris und Rouen die größte Anzahl Kunstwerke aufweist.

Mit ihren Wäldern und Nadelbäumen, der reinen Luft, ihrem Mineralwasser, den Luftkurorten und Thermalbädern zählen die Vogesen zu den großen Regionen Frankreichs.
Oben: Touristen auf einem Platz in Colmar im Elsass zwischen den Weltkriegen. *Unten:* Winterfreuden auf den Hängen der Vogesen; Plakat von Louis Tauzin, um 1925.

Rechte Seite: eine Ecke des Salons im Grandhotel Ermitage in Vittel, 1929 von Fernand César auf einem als Golfplatz angelegten Gelände erbaut. Die großen Fensteröffnungen, durch die das Licht, von Voilevorhängen aus Organdy gefiltert, hereinfällt, die schlichte Eleganz der Möbel, der Marmorboden – all das ist typisch für die neue Art-déco-Bäderarchitektur.
Als Faksimile: Deckblatt des *Guide Joanne* für Gérardmer, 1893–1894.

3927

3928

3929

Vieux remparts X et Porte St Jean

3930

3931

3932

Tour César

3933

3934

3935

St. Clias (?)

3936

3937

3938

Vue générale prise de la Tour César

Presbytère St-Thibault

Die Häuser in den alten Strassen von Troyes wollen mir nicht aus dem Kopf: die schmalen Fassaden, blass, nach hinten geneigt unter dem spitzen Dachwinkel, wie betende Gesichter, die Augen zum Himmel. – Blass, nein. Champagnerfarben. Die Champagne ist aschblau und champagnerfarben.

Valéry Larbaud, 1927

PROVINS

TROYES

Nebenstehend: Troyes (um 1930), dessen Handel im 13. Jahrhundert unter Thibaut IV., Graf von Champagne und König von Navarra, aufzublühen beginnt, ist reich an mittelalterlichen Häusern, wie das »Türmchen des Goldschmieds«, Rue Champeaux. Gegenüber das »Haus des Bäckers« und das herrschaftliche Haus von Juvenal des Ursins, der 1360 hier geboren wurde – er entstammte einer italienischen Familie, den Orsini aus Rom, die sich in der Champagne niedergelassen hatten. Später war er Vorsteher der Pariser Kaufmannschaft.
Linke Seite: Provins, April 1952, spärlich beschriftete Kontaktabzüge. Also etwas genauer: Die Fotos 3927 bis 3930 zeigen die alten, abwechselnd von runden und eckigen Türmen flankierten Stadtwälle und das Saint-Jean-Tor. 3931 bis 3933: der Cäsar-Turm, dessen Fundament die Engländer während des Hundertjährigen Krieges mit einer Mauer umgaben, zunächst quadratisch, dann achteckig. 3934 bis 3936: Saint-Quiriace, Stiftskirche aus dem 12. Jahrhundert; die Kuppel ist seit dem 19. Jahrhundert verzinkt. 3937: Place du Châtel mit schmiedeeisernem Brunnenaufsatz und dem »Kreuz der Wechsler«, an dem die Erlasse angeschlagen wurden. 3938: das Pfarrhaus, Rue Saint-Thibault Nr. 50, in dem Thibaut, der spätere Heilige (Theobald von Provins), im Jahre 1017 geboren wurde. Von der Porte Saint-Jean bis zur Porte de Jouy kann man am ältesten Teil der Stadtmauern der Oberstadt entlanggehen; im 13. Jahrhundert, als die von Thibaut III. ins Leben gerufenen Messen ihre Hochblüte erlebten, zählte sie 80 000 Einwohner, 3 000 Webstühle, zahlreiche deutsche und lombardische Geldverleiher.

GRANCEY-SUR-OURCE, 27. JUNI 1898. MEIN LIEBER LUCIEN! Ich werde zwei oder drei Tage in Dijon verbringen, um das Museum zu besuchen. In Mâcon werde ich nur etwa eine Woche bleiben. Die Gegend hier ist sehr schön, aber ich werde hier nicht arbeiten, da ich, wegen meines Auges, Angst habe, lange zu bleiben. (...) Das Dorf ist äußerst malerisch; schade, dass es so weit weg ist. In Troyes, Châtillon und Grancey habe ich ein paar schlechte Aquarelle gemalt. Ich fange an, sie besser zu malen.

Camille Pissarro, 1898

In Châtillon-sur-Seine, der Hauptstadt von Burgund unter den frühen Herzögen, widmete sich Bernhard von Clairvaux seinen Studien, bevor er als Mönch in die Zisterzienserabtei Cîteaux eintrat.
Rechte Seite: Am Fuße eines bewaldeten Felsens entspringt die Douix – eigentlich kein Wasserlauf, sondern nur eine lebhaft sprudelnde Quelle, die einige Meter weiter in die Seine mündet.
Oben: Das archäologische Museum von Châtillon zeigt den Schatz von Vix, die Grabbeigaben einer keltischen Prinzessin aus dem 6. Jahrhundert v. Chr. Glanzstück ist der über 200 kg schwere und über 1,60 m hohe Bronzekrater, das größte Bronzegefäß, das aus dem Altertum erhalten ist.
Doppelseite 214/215: die Abtei von Fontenay, gegründet vom heiligen Bernhard, mit der ältesten Zisterzienser-Kirche, die in Frankreich erhalten ist; die Fassade des Kapitelsaals gegenüber dem Kreuzgang und *(oben im Hintergrund)* das Kirchenschiff. Klöster waren seit jeher darauf ausgerichtet, Reisende aufzunehmen. Die Abtei von Fontenay verdankt ihre Bedeutung der Gastfreundschaft, die sie dem englischen Prälaten Ebrard, Bischof von Norwich, gewährte, der ihr daraufhin einen Teil seiner Güter vermachte.

Und vor uns erhob sich die Kathedrale – oder vielmehr eine Kathedrale, denn sie war nicht mehr die, die wir kannten (...). Auf jenem Platz in der Provinz steht ein so seltsamer und so schöner Bau, dass man Dantes Wortreichtum bemühen müsste, wollte man die Pracht der majestätischen Erscheinung beschreiben. Vom Feuer haben sich die unteren Partien im warmen Ton von Amber und verbranntem Siena verfärbt; weiter oben geht die Farbharmonie von Gelbrosa in karminrote Schattierungen über und endet schließlich in einem Weiß wie vergilbtes Elfenbein. Die Portale und Nischen, in denen die Statuen stehen, erscheinen durch eine samtige Schwärze, welche die Konturen der Skulpturen wunderbar hervorhebt, tiefer, als sie eigentlich sind. (...) Die Kathedrale von Reims verzückt uns wie ein schöner Sonnenuntergang.

Edith Wharton, 1915

Victor Hugo hat nichts gesehen. Zum einen, weil »die Postkutsche im Galopp durch Reims fährt, ohne den geringsten Respekt vor der Kathedrale. Im Vorüberfahren erkennt man über den Giebeln einer engen Straße gerade einmal zwei oder drei Spitzbögen der Apsis, das Wappenschild Karls VII. und die schöne Spitze der Apsis mit ihrer Darstellung der Hingerichteten.« Zum anderen, weil er, als man ihm in Épernay »die Hauptsehenswürdigkeit der Region zeigen wollte, einen großen Weinkeller mit 15000 Flaschen«, viel lieber »bei strahlendem Sonnenschein in einem blühenden Rübenfeld mit Klatschmohn und Schmetterlingen« herumspazierte. So hat er weder Saint-Nicaise gesehen noch den lächelnden Engel am Nordportal der Fassade (*rechte Seite*, Foto von 1851), noch die Weinkeller der Veuve Cliquot (*nebenstehend:* die um 1910 gefertigten Basreliefs von André Navlet). Mérimée, der die »Königin von Reims« bat, sich für die Erhaltung der Porte de Mars einzusetzen, teilt dazu mit: »Wie wir hören, könnte der Bogen auf ein einziges Wort von ihr gerettet werden.« Die Allmächtige weilt nicht mehr unter uns, aber in ihren Kellern lagern in kilometerlangen Galerien Millionen Flaschen, von denen die eine oder andere vielleicht schon zu ihren Lebzeiten geschüttelt wurde.

h. Le Secq.
Rheims. 1851.

NANCY, DIE SCHÖNSTE STADT FRANKREICHS, WAR NOCH NIE SO SCHÖN WIE IN JENEM MOMENT. (...) Als ich das letzte Mal die wunderbare Anordnung der Place Stanislas betrachtete, war das in einer heißen Julinacht, an einem Nationalfeiertag. Die Menge drängte sich auf dem Platz und den Straßen. Die harmonischen Linien der Arkaden und beleuchteten Palais hoben sich vom Abendhimmel ab; Girlanden und Lampions schmückten die Bögen der Arkaden, die zur Place de la Carrière führen; auf dem Triumphbogen wehten bunte Fähnchen. Der lange Lichtstrahl eines Scheinwerfers glitt sanft über die dunklen Laubengänge des Parks, über die Brunnenskulpturen und die schönen vergoldeten Rankenornamente von Jean Lamours Gittern.

Edith Wharton, 1915

Nebenstehend: Place Stanislas in Nancy, das Faltblatt des Grandhotels (100 Zimmer), eine Postkarte aus den 1920er-Jahren und das Foto eines Brunnens von Guibal (1890). Das Grandhotel zog in den Palast Stanislas Leszczynskis, ehemaliger König von Polen und letzter Herzog von Lothringen. Hier weilten die österreichischen Erzherzoginnen Marie-Antoinette – im Mai 1770, vor ihrer Vermählung mit dem Dauphin von Frankreich, dem späteren Ludwig XVI. – und Marie-Louise – im März 1810, auf ihrem Weg zur Hochzeit mit Napoleon I. Hier, in der Geburtsstadt seines Vaters, erweist Victor Hugo sich als aufmerksamer Beobachter: »Auch das Pflaster aus spitzen Kieselsteinen ist wie ein Mosaik. Es ist ein Platz der Gesimse. Voller Fantasie erblühen und entfalten sie sich hoch oben an den Gebäuden in extravaganten und dichten Blumenbündeln.« Der Kunstschlosser Jean Lamour lässt das Schmiedeeisen nicht nur an den Gittern der Place Stanislas *(rechte Seite)* erblühen, sondern auch an der Kapelle Notre-Dame-de-Bon-Secours, am Haus der königlichen Gesandtschaft und an den Balkonen seines eigenen Domizils, Rue Notre-Dame.

WIR ERREICHEN DIE BRÜCKE ÜBER DIE VOLOGNE (...), wir sind am Stadtrand von Gérardmer, einer Vorstadt, in der statt Häuser Granitfelsen stehen. Ein dumpfes Tosen steigt zu uns empor, tief unten aus dem Wildbach, über den die Brücke führt. 50 Fuß unterhalb von uns sitzen auf den weißen Felsen in der Gischt des Wildbachs zwei Männer, ihrer Kahlköpfigkeit nach zu urteilen älteren Jahrgangs, in Unterhosen und mit Brille. (...) Von wo aus sind sie in die Schlucht hinabgestiegen? Überall senkrechte Felsen. (...) Die beiden »Nixen« haben uns bemerkt und beeilen sich, über ihre Unterhose ein weniger elementares Kleidungsstück zu streifen. (...) Dann entschwinden sie nacheinander in einer Felsspalte, und wir sehen sie nicht wieder.

Alfred Delvau, 1865

Gérardmer soll seinen Namen einem Haus verdanken, das der erste Herzog von Lothringen, Gérard d'Alsace, für die Jagd benutzte. Was besagt, dass der schöne Buchen- und Kiefernwald, oftmals 40 m und höher, voller Wild ist. Mit dem Käse aus Munster und dem Leinen aus den Vogesen, insbesondere aus Épinal, der Stadt der bunten Bilderbögen, vervollständigt sich das Bild ländlichen Lebens. Gérardmer »liegt am gleichnamigen See, der für sich allein so groß ist wie die Seen von Longemer und Retournemer zusammen und Gelegenheit für herrliche Bootsfahrten bietet (*oben*, Foto von 1910). Auf dem Gipfel des Berges steht ein einfaches Gasthaus, das unter dem malerischen Namen ›Plafond‹ (Zimmerdecke) bekannt ist und für seinen Kwetch, einen klaren Schnaps aus schwarzen Pflaumen, gerühmt wird«, berichtet Évariste Thévenin in *En vacances* (*In den Ferien*).
Linke Seite: die Brücke der Straße nach Gérardmer über die Vologne, um 1890.

DAS LEBEN IN VITTEL ENTWICKELT SICH IMMER MEHR WIE IN ALLEN ANDEREN HEILBÄDERN. Die Saison 1914 verspricht großartig zu werden. Alles läuft bestens, bis am 25. Juli das schreckliche Ultimatum Österreichs an Serbien bekannt wird. Am nächsten Tag herrscht in den Wandelgängen große Aufregung. Die Rennen finden trotzdem statt; Luxuslimousinen treffen in Vittel ein, eine große Schar eleganter Damen und Sportbegeisterter reist per Bahn an, aber auf so manchem Gesicht zeichnet sich Unruhe oder Angst ab. Schon am Abend beginnen die Hotels sich zu leeren. (...) Nach einem dringenden Anruf aus Paris entschwindet Erzherzogin Xenia, Schwester des Zaren, in einem Automobil.

Pierre Bouloumié, 1925

Unten: Faltblätter von 1936 und 1939, auf denen der Buchstabe »V« von Vittel hervorgehoben wird. »V« verwies auf Plakaten der großen Eisenbahngesellschaften immer auf Voyage (Reise) und das perspektivisch dargestellte Voie (Gleis). *Rechte Seite:* Ankunft eines Reisenden, der nicht gerade krank aussieht und dem Objektiv des Fotografen mehr Aufmerksamkeit zollt als der Höhe des Trittbretts, Foto von 1900. Das Personal des Vittel-Palace ist offensichtlich da, um Hilfestellung zu geben.

»Anderswo gibt es mehr Luxus, aber nirgendwo, nicht einmal in Deutschland, findet man mehr Annehmlichkeiten, mehr Komfort und mehr Verständnis für die Bedürfnisse der Kranken und die Erfordernisse einer Behandlung«, merkt Doktor Jules Patézon zu Vittel an. Gewiss war es nicht die Rivalität unter den Heilbädern, die den Ersten Weltkrieg ausgelöst hat. Trotzdem könnte man fast meinen, die Leute hätten sich seinetwegen in den Wandelhallen *(oben)* versammelt, doch es war zwei Jahre nach dem Waffenstillstand.

VITTEL-PALACE
VITTEL
PALACE
VITTEL
PALACE

Während der Forstaufseher wieder hinuntergeht, steigen wir weiter bergauf. Wie lange? Ich weiß es nicht. Als wir aber auf dem Gipfel des Ballons ankommen, 4000 Fuß oberhalb der Place de la Bastille, lassen wir uns fallen, statt uns in die Strohhütte zu setzen, die dort zur großen Freude der Ausflügler errichtet ist. (...) Wir verspeisen rasch ein Butterbrot, begießen das Ganze mit ein wenig spritzigem Weißwein. Nach dieser Stärkung und einer zweiten Mahlzeit erklimmen wir den höchsten Gipfel des Ballon d'Alsace, eine Wüstenei. An den Abhängen nur hie und da ein paar Zwergeichen, die einzige Vegetation, die sich gemeinsam mit Blaubeeren in diese Höhen vorwagt.

Alfred Delvau, 1865

Oben: Das Foto von 1906 zeigt die französische Seite des Ballon d'Alsace, die elsässische Seite gehörte damals zu Deutschland. Ab 1918 ist der Berg wieder frei zugänglich, und Ende August 1934 schreibt Simone de Beauvoir: »Sartre gefiel diese Landschaft so gut, dass er selbst vorschlug, zu Fuß über die Hügel zu wandern. Von Trois Épis (Drei Ähren) gingen wir in drei Tagen aufs Hoheneck, den Machstein, den Ballon d'Alsace. Das Gepäck hatte in unseren Taschen Platz. Ein Kollege Sartres (...) fragte uns, wo wir wohnten. ›Nirgends‹, antwortete Sartre, ›wir wandern.‹«
Rechte Seite: auf dem Rückweg vom Ballon, um 1900.
Doppelseite 226/227: der Weinberg, der sanft nach Riquewihr abfällt.
Als Faksimile: Im Sommer 1939 wirbt die SNCF, strotzend vor Optimismus, für den Tourismus in den Regionen Ostfrankreichs.

BALLON D'ALSACE

ELSÄSSER BELCHEN

Es war mitten in den Ferien von 1846, da war ich ein lebhafter Gymnasiast von großer, kräftiger Gestalt. Nachdem ich die Vogesen mit dem Rucksack auf dem Rücken durchwandert hatte, kam ich, bebend vor ungeduldiger Neugier, in die große Stadt. Ich fand sie in Festtagsstimmung vor. Das ganze Elsass hatte sich dort eingefunden, um den Herzog von Montpensier, den letzten Sohn des Königs und Bräutigam einer spanischen Prinzessin, zu begrüßen. Vor den Hoteleingängen standen die Leute Schlange, die Bediensteten mussten stündlich neue Gäste bewirten. Auf Plätzen und Straßen stauten sich beflaggte und blumengeschmückte lange Wagen, auf denen die Dorfschönen ihre herrlichen Trachten zur Schau stellten.

Edmond About, 1871

In Straßburg wird nicht nur der feierliche Einzug der Großen dieser Welt zelebriert: »Blumentag, Margeritenfest. Durch die alten Straßen zogen junge Leute, taufrische Schönheiten. Aus den hübschesten Mädchen Straßburgs wurden Blumenmädchen, die zugunsten der Armen weiße Margeriten verkauften«, vermerkt Georges Ducrocq 1913. Die Nächstenliebe, die höchste aller Kardinaltugenden, fällt nicht nur in den Schnitzereien an den Eckpfosten von Haus Kammerzell *(rechte Seite)* ins Auge, sondern auch am Portal des gegenüberliegenden Münsters sowie auf einem Glasfenster aus dem 14. Jahrhundert. An der reich mit Schnitzereien verzierten Fassade des Hauses, das der Käsehändler Martin Braun bauen ließ, sind außerdem Allegorien der fünf Sinne, der zehn Lebensalter und der Tierkreiszeichen zu finden. Sie werden von einer Automatenuhr angezeigt, die aus dem Jahre 1570 stammt und Nikolaus Kopernikus geweiht ist.

Nebenstehend: Postkartenleporello, um 1930. »Die Vogesen und die Burgruinen auf ihren Bergeshöhen« sind, wie die Baronin von Oberkirch schon im Jahr 1789 bemerkt, »beachtenswert, nicht nur in touristischer, sondern auch in künstlerischer Hinsicht«. Dazu zählen die Haut-Kœnigsbourg (Hohkönigsburg) und Sainte-Odile (Odilienberg). Die Damen gelangen zu Pferde oder auf Eselsrücken dorthin, die Herren zu Fuß, allen voran Bauern mit Körben voller Proviant. »Nichts lässt sich mit der Schönheit des Ausblicks vergleichen, den man von diesem bezaubernden Ort genießt. Rechts sieht man den Jura, die Schweizer Alpen, vor sich das ganze Elsass und die andere Seite des Rheintals bis zu den Schwarzwaldbergen ...«

Von Paris nach Évian und Chamonix

Von Paris nach Chambéry

Von Paris nach Menton via Marseille und Nizza

Von Paris nach Nîmes

Von Bastia nach Calvi und Ajaccio

Von Marseille nach Bastia und Ajaccio mit den Schiffen der SNCM

Sehenswürdigkeiten und Denkmäler

Touristische Züge

Nach Süden

Die heutige Gare de Lyon wurde von 1895 bis 1902 vom Architekten Marius Toudoire an der Stelle des alten, 1852 eingeweihten Bahnhofs erbaut. Für die Eisenbahngesellschaft Paris-Lyon-Méditerranée galt es, den um das Zweifache angestiegenen Bahnverkehr zu bewältigen. Und nicht zuletzt ging es um ihr Prestige anlässlich der großen Weltausstellung von 1900. Wahrhaft monumental mit seinem 67 m hohen Belfried, schmückt sich der Bahnhof mit Skulpturen, die dem Modernismus huldigen. In den Schalterhallen verbildlicht ein Fresko den Zauber der Reiseroute Paris-Marseille, und auf der ersten Etage entfaltet der Speisesaal sowohl malerische wie kulinarische Pracht.
Oben rechts: die nahezu ausgestorbenen Bahnsteige der Gare de Lyon 1937 – war es ein Streiktag?
Am 11. Dezember 1922 wird der Zug Calais-Méditerranée mit den Schlafwagen im dunklen Metallblau zum ersten Mal auf die Reise geschickt. Erst 27 Jahre später erhält er von der Compagnie des Wagons-lits den Namen »Train Bleu« – späte Erkenntnis einer hinlänglich bekannten Tatsache!
Unten: Plakat der Stadt Cannes für den Train Bleu, um 1925.

An den Decken des prunkvollen Restaurants »Train Bleu« in der Gare de Lyon werden, eingerahmt von vergoldeten Girlanden, die Städte vorgestellt, die der Zug miteinander verbindet. Erste Etappe: Lyon. Aus der seidigen Vergangenheit der Stadt blieb das Hôtel de Villeroy erhalten, einer der schönsten Stadtpaläste aus dem 18. Jahrhundert, heute Weberei-Museum, sowie im Kapuzinerviertel der im florentinischen Stil erbaute Palast »La Condition des Soies«. Typische Ateliergebäude mit Kirchenfenstern, die den vier Meter hohen Jacquard-Webstühlen Licht spendeten, drängen sich noch immer auf der Anhöhe von La Croix-Rousse um die »Traboules«, düstere, labyrinthähnliche überdachte Gassen, und die »Bouchons«, ortstypische Restaurants, wo Cardons à la moelle (Artischocken mit Knochenmark), Mâchons (ein morgendlicher Imbiss) und andere Lyoner Köstlichkeiten aufgetischt werden.

Nach der Hauptstadt der Gastronomie halten die Züge der Paris-Lyon-Méditerranée (PLM) in nicht weniger als 55 Thermalbädern zu beiden Seiten der Rhone. Linksseits, zu Füßen von Aix-les-Bains, Annecy, Thonon und Évian, liegen die savoyischen Seen. Tempowechsel – o Zug, halt ein in deiner rasenden Fahrt, weiche dem sanften Gleiten der Barke! Die Ruder schlagen im Rhythmus der Worte Rousseaus und der Verse Lamartines. Vom Genfer See erzählt der Held in *Julie oder die neue Heloise*: »Ich bot ihr die Hand, um ihr ins Boot zu helfen, setzte mich an ihre

Seite und dachte nicht daran, ihre Hand loszulassen. Wir bewahrten ein tiefes Schweigen. Das eintönige, abgemessene Geräusch der Ruder versetzte mich in träumerisches Nachdenken.« Und am Lac du Bourget erwidert Lamartine: »Auf dem Wasser, unter dem Himmelszelt waren nur aus der Ferne die rhythmischen Schläge der Ruderer zu vernehmen.«

Im Herzen der Alpen ist das Bergwasser seit langer Zeit zu einem »mer de glace« (Eismeer) erstarrt. Ab 1840 fährt täglich eine Postkutsche von Genf nach Chamonix, das man in 18 Stunden erreicht. Bereits 2000 Touristen reisen in der Saison, das heißt im Sommer, dorthin, unter ihnen Mineralogen, Botaniker und Aquarellmaler, nicht zu vergessen Charles Dickens, den Prinzen von Wales und Alpinisten auf der Suche nach Luft, die »nicht schon eine Million Lungenflügel passierte, ehe man sie überhaupt eingeatmet hat«. Keine 20 Jahre später ist Thomas Cook zur Stelle: Für einen Franc feuert er einen Kanonenschuss ab, um das Echo von den Bergen vorzuführen. Anschließend bringt er die Leute in 50er-Gruppen zum Gletscher.

Oben: die ehemalige Place Notre-Dame-du-Confort in Lyon, seit der Dritten Republik (1871) Place des Jacobins. Der Brunnen von Charles Degeorge huldigt vier berühmten lokalen Künstlern: Philibert Delorme, Gérard Audran, Guillaume Coustou und Hippolythe Flandrin; die Gestaltung der Sirenen, die das Becken schmücken, übertrug der Architekt Gaspard André dem Bildhauer Charles Delaplanche (Foto um 1890). *Unten:* Wie ein Schiffsbug ragt die 495 m hohe Roche de Solutré aus den Weinbergen des Mâconnais. 1866 wurde am Fuße dieses Felsens eine der bedeutendsten prähistorischen Fundstätten Europas entdeckt, vorwiegend Pferdeknochen, die zeigen, dass hier im Oberen Paläolithikum Pferdejäger lebten. *Linke Seite:* Jugendstil-Dekor im »Train Bleu«, dem Speisesaal der Gare de Lyon. Im Bild zwei der 41 Gemälde, welche die Stationen der PLM zeigen und Decken und Wände des berühmten Restaurants schmücken, das am 7. April 1901 vom damaligen französischen Präsidenten Émile Loubet eröffnet wurde.

Im unteren Rhonetal legt die Eisenbahn der PLM wieder an Geschwindigkeit zu und verzweigt sich. Eine der Abzweigungen schwenkt in Richtung östliche, von den Griechen geprägte Provence ab.

Am Fuße des Massif des Maures entdeckte der Maler Paul Signac, ein begeisterter Seefahrer, ein damals nur vom Meer her zugängliches Dorf: Saint-Tropez. Der Golf, eine einzelne große Pinie am Ende des Pinienwaldes sind Motiv für Henri Matisse, später Charles Camoin, Albert Marquet, Henri Manguin, Henri-Edmond Cross und andere. 40 Jahre lang bewahrt Signac in seiner Villa La Hune das erste dort entstandene Bild: *Luxus, Ruhe und Sinnlichkeit* von Matisse. Die großen englischen Familien von Rang, die steinreichen Amerikanerinnen der Fifth Avenue steigen im Hotel Bristol in Beaulieu-sur-Mer ab, fahren im irischen Pferdegespann zum Einkaufen nach Nizza und verbringen ihre Abende in Monte Carlo – wenn nicht gerade das britische Geschwader in Villefranche vor Anker liegt, wo, wie es scheint, das Schiff der Admiralität als Ballsaal für die elegante Gesellschaft herhalten muss. In Juan-les-Pins, wo Kasino und Hotel Provençal von Frank Jay Gould, dem Sohn des amerikanischen Eisenbahnmagnaten, geführt werden, läuft Scott Fitzgerald Isadora Duncan über den Weg.

Auf seinem Vormarsch überholt das Automobil die Eisenbahn auf der Route Nationale 7, »Straße in die ›Vacances‹, sie macht Paris zu 'nem kleinen Vorort von Valence und zum Stadtrand von Saint-Paul-de-Vence«, wie Charles Trenet 1955 trällert. Und fünf Jahre später geht der Prix Goncourt an einen Roman, der von Anfang bis Ende, von Paris bis

Zweites großes Fahrziel der PLM: die Alpen. *Links:* Bergsteiger-Pioniere posieren um 1880 vor dem »Eismeer« und – ein paar Jahrzehnte später – ihre Söhne und Töchter auf dem Montenvers (*oben*, um 1930). *Rechte Seite:* Wintersport im Tal von Chamonix, gut erreichbar seit Ankunft der PLM im Jahr 1901. Die Fotos stammen aus einem Familienalbum von 1920.

CHAMONIX

Nach dem Ersten Weltkrieg wird die Côte d'Azur zur Sommerfrische: »Die Leute überwintern nicht mehr, verweilen nicht mehr monatelang an einem bestimmten Ort. Vielmehr fallen ganze Scharen von Touristen in ein oder zwei Orte der Côte ein, um sich von dort aus in alle Richtungen zu zerstreuen« (Jules Bertaut). Eines der neuen Ferienziele ist Juan-les-Pins, nun sozusagen »Vorstadt« von Antibes und gestern noch ein quasi unbewohnter, schlichter Pinienwald. *Oben:* oberhalb von Nizza an der Grande Corniche, der Küstenstraße: der Belvedere von Èze, von dem aus, so scheint es, die Küste Korsikas zu erkennen ist (Fotoalbum aus den 1930er-Jahren, Ausflug auf der Grande Corniche, und Mini-Touristenprospekt aus der gleichen Zeit). *Unten:* Plakat von Roger Broders für die PLM.

Rechte Seite: die Eleganz der 1920/30er-Jahre in Cannes; Broschüre des Verkehrsvereins der Stadt (1920er-Jahre, *unten*) und erste Seite eines Artikels über Cannes in der hübschen Werbebroschüre *Les Cinq capitales (Die fünf Hauptstädte)*, herausgegeben von der Gesellschaft der Grandhotels von Cannes.

Marseille, während einer dreitägigen Fahrt am Steuer eines Citroën DS und eines Peugeot 403 sowie in den Raststätten spielt: *La Fête* (Das Fest) von Roger Vailland. Im Südwesten zweigt die andere Trasse der PLM Richtung Gallia Narbonensis ab. Die antiken Theater von Arles, Orange und von Nîmes – ein kolossaler Versammlungsort, zu dem der Pont du Gard seine Bögen spannt – sind ideale Festspielstätten, wie das Musikfestival von Aix-en-Provence, das Theaterfestival von Avignon und das von Pablo Casals gegründete Musikfestival von Prades beweisen. Ein Stück weit im Mittelmeer gelegen, hat selbst Korsika, die Insel der Schönheit, eine Eisenbahnlinie. Von Bastia nach Ajaccio kurvt ein Zug. »Er windet sich um den Monte Rotondo. Er schmiegt sich entlang der Talkessel. Nach so viel Herumkurverei glaubt man, er sei genau da angelangt, wo er kurz zuvor abgefahren ist«, notiert Eugène Mannoni. »Vom Meer, von dem er notgedrungen abfährt, bis zum Meer, an dem er gezwungenermaßen anhält, muss er schrecklich viele Felswände umfahren.«

PARIS A CANNES
par Myriam AGHION
EN route ! En route !... Allons vers le pays où l'on trou
des roses au cœur de l'hiver !
Ça, que l'on se dépêche ! Encore un verre de Fine, si vous le
voulez, je l'accorde, mais n'oubliez pas le départ. Ah !
le charme du Café Anglais ! Savez-vous
bien que l'on ne peut plus le quitter,
quelque sortilège inconnu vous tenant ?
Où peut-on mieux déjeuner dans Paris ?
Mais nous avons bouclé les valises un peu
vite dans notre hâte à vous rejoindre au
39
CANNES
la ville des fleurs et des sports élégants

Diesen Herbst habe ich zwei Monate in Fontainebleau und den Nachbardörfern verbracht. Wie ist es möglich, dass es nahe Paris einen solchen Wald gibt? Kugelförmige, goldfarbene, prachtvoll gewachsene Buchen, die ihr Laubdach wie Spitzenwerk ausbreiten, säumen den Straßenrand. Sie recken sich in endlos langen Reihen, in freier Luft. Das Licht ergießt sich in Strömen über ihre Wipfel, spiegelt sich in den Blättern, rieselt in Bündeln stufenförmig herab, bis auf den Rasen. Goldener Dunst, funkelnd glitzernder Staub legt sich um sie wie ein sanfter Schleier. (...) Kein Mensch auf der Straße; das Jägerkreuz weist zum Horizont. Dornröschens Schloss dürfte nicht friedlicher gewesen sein. Ist hier seit einem Jahrhundert überhaupt irgendjemand vorbeigekommen?

Hippolyte Taine, 1865

Romantiker huldigen einstimmig Claude François Denecourt, dem Erfinder der Wegmarkierung und damit der Wanderwege im Wald von Fontainebleau, dem »Moses der Wälder«, wie Théophile de Banville sagt. Schon bald kommen die englischen Touristen in Strömen, die Schule von Barbizon lockt Künstler aus Holland, Deutschland und den Vereinigten Staaten an. Auch Führungen durch den Wald werden organisiert, in offenen Wagen, die an markanten Punkten Halt machen: den Gorges de Franchard und der Caverne du Druide, der Mare-aux-Fées und den Schlupfwinkeln der Maler ...

Nebenstehend: eine Allee (Foto von Henri Langerock, 1872) und eine Wegkreuzung heute *(rechte Seite)*.

Doppelseite 240/241: der Pavillon des Karpfenteichs im Schlosspark von Fontainebleau (koloriertes Foto, um 1910). Zu Zeiten Heinrichs IV. bis hin zu Napoleon I., der ihn rekonstruieren ließ, wurden die Erfrischungen vor dem Brunnenhof serviert. Im Hintergrund die Galerie Franz' I. mit der Terrasse über den Arkaden.

Es war ein Latricières-Chambertin aus den Caves des Ducs de Bourgogne, Etablissements Jobard Jeune & Bernard, Beaune (Côte d'Or), Maison fondée en 1795. Was für Erinnerungen diese leere Flasche weckt! Besonders an meinen Freund Renaud, der am Lycée Carnot in Dijon *pion* (Aufsichtführender) war, und an seinen Besuch in Paris mit zwei kostbaren Flaschen Beaune unter dem Arm.

Henry Miller, 1947

Beaune, Innenhof des Hôtel-Dieu – des Hospitals – im Jahr 1910, mit den glasierten Ziegeldächern über dem langen Krankensaal, zur Kapelle hin offen, so dass die Messe von den Betten aus gehört werden konnte. Jedes Jahr, Mitte November, versteigert die Hospitalverwaltung der Stadt die Produktion ihrer Weingüter. Die dabei erzielten Preise sind richtungsweisend für die Grands Crus.

Rechte Seite: an der Côte de Nuits: Romanée-Conti, das die Romanée-Anhöhe, die, wie es heißt, die Römer urbar machten, mit der Fürstenfamilie der Conti verbindet, der die Domäne bis 1791 gehörte. Das weniger als zwei Hektar große Weinanbaugebiet liefert den kostbarsten und teuersten der großen Burgunderweine, ganz zu schweigen davon, dass dieser Wein dem Sonnenkönig von seinen Ärzten verschrieben wurde.

Doppelseite 242/243: die Gegend von Semur-en-Auxois, ein Granitplateau, durch das der Armançon auf seinem Weg zwischen dem Mont d'Alésia und den Wäldern und Seen des regenreichen Morvan-Gebiets fließt.

ROMANEE
CONTI

Als ich in Dijon eintraf, machte die Stadt einen starken Eindruck auf mich. Ihre alten Bergfriede, ihre prächtigen Kirchen, ihre ehrwürdigen gotischen Häuser versetzten mich in ein Land, das ich mir im Geiste schon ausgemalt hatte und in dem ich, so schien es mir, bereits gelebt hatte. Ohne ihre Geschichte zu kennen, erzählten mir die stummen Steine von den Generationen, die dort nacheinander gelebt hatten; die Kunst sagte mir alles.

Félix Ziem, 1864

Dijon in der Belle Epoque: die Porte Guillaume aus dem 18. Jahrhundert *(oben)* und *(nebenstehend)* der Park, den der Prinz von Condé 1672 nach Plänen von Le Nôtre schuf.
Rechte Seite: in Fixin, vor den Toren der Stadt, das Denkmal von François Rude: *Napoleon erwacht zur Unsterblichkeit* und – auf der anderen Seite des Buches von Pierre Huguenin über das Burgund – Pommard in der Côte de Beaune sowie das Weingut Clos de Vougeot von 1551. Als Postkarte die Kirche Notre-Dame in Dijon, Meisterwerk der burgundischen Architektur des 13. Jahrhunderts. Rechts unten das Haus der Karyatiden, Rue Chaudronnerie 28, wahrscheinlich das Werk eines Schülers von Hugues Sambin, jenes Architekten des 16. Jahrhunderts, Steinmetzen und Schnitzers, der die burgundische Schule für Kunsttischlerei begründete.
Doppelseite 248/249: Lyon. Zwischen den Kolonnaden des an der Saône gelegenen Justizpalastes und der Höhe von Fourvière mit ihrer Basilika (19. Jh.) erstreckt sich Vieux-Lyon, die Altstadt. Deren Viertel Saint-Jean (Apsis und Türme der gleichnamigen Kathedrale links im Bild) und Saint-Georges bilden Frankreichs größtes städtebauliches Ensemble aus dem 15. und 16. Jahrhundert: Unzählige »Traboules« (Durchgänge) führen durch gotische Portale und spitzbogige Gänge zu Höfen voller Türmchen, Loggien, Renaissance-Treppen.

juillet à septembre
Sans contredit
possible, Beaune est
la plus intéressante
petite ville qui soit.
Ses habitants ont
tenu à lui conserver
son enceinte avec
ses remparts, ses
tours et ses fossés, le
tout accommodé en
somptueux jardins
ou en promenades
ombreuses, très pro-
pres à la solitude et
à la méditation.
C'est au prin-
temps qu'il convient
de faire le tour de
la cité, lorsque la
verdure claire a pris
anche sur l'hiver, lorsque les lilas sont en fleurs et que les cytises
uent de points d'or, en concours avec le soleil, les ombres des
ières frondaisons. Beaune a une physionomie unique avec son
roi, son
tel-Dieu,
collégiale,
s vieilles
emeures.
Nulle part on
ne trouve au-
tant de beau-
tés réunies en
un si petit
espace.
Parlons
d'abord de la
APOLÉON S'ÉVEILLANT À L'IMMORTALITÉ,
PAR RUDE.
À POMMARD.
merveille qui n'a p
chancelier de Bourgogne
les genres, et
fait danser
l'anse du pa-
nier ducal plus
que de raison,
résolut, avant
de comparaî-
tre devant
le souverain
Juge, de faire
un dépôt im-
portant au
crédit de son
compte de mé-
rites. D'accord
avec sa fem-
me, Guigone
de Salins, qui
avait le mono-
pole apparent
TEAU DU CLOS-VOUGEOT.
chancelier avait bien fait les choses
ssent bien logés et secourus sur terr
é au Paradis ? Tout était de si bor
CÔTE D'OR
DIJON
BEAUNE
SEMUR
CHATILLON
Arrond
NOTRE DAME
MUSÉE

Stellen Sie sich eine mit schönen Bäumen bepflanzte Terrasse vor, an der im Spiel mit den Fluten rund 20 Schaluppen, Ruderboote und Ausflugskähne anlegen. Freundliche Matrosen stehen zu Ihren Diensten, bereitwillig reichen sie den Damen die Hand, um sie an Bord zu geleiten, und so können Sie ohne die leiseste Gefahr die Fluten des Genfer Sees teilen.

Louis Girod, um 1860

ÉVIAN

Évian am linken Ufer des Genfer Sees: Von hier aus genießt man den besten Ausblick auf das gegenüberliegende Ufer, zwischen Jura und Waadtländer Alpen. Je mehr sich das Boot entfernt, desto weiter öffnet sich das Panorama, bis es einen gänzlich umfängt. Der Bug durchfurcht die Wellen, fängt die Schatten ein und kreuzt die »volle, grüne Ader, die Rhone«, die den See von Ost nach West durchfließt und, wie Colette in *Die Blaue Flamme* schreibt, »es ablehnt, sich mit den gemeinen Gewässern zu vermischen; kraftvoll teilt sie jene des Genfer Sees und flieht, zur Mittagsstunde von goldenen Strahlen durchbohrt, von dannen«.

Das Hotel Splendide (*oben*, an der Endstation der Drahtseilbahn) beherbergte die Prousts in den Sommern zu Beginn des 20. Jahrhunderts und weitere Male Marcel mit seiner Mutter in den Jahren 1904 und 1905. In diesem Hotel konnte man bis spät in den Morgen schlafen, ohne vom Lärm der Nachbarzimmer geweckt zu werden, was für ihn das Wichtigste war.

MAN WIRD KAUM UMHIN KÖNNEN, EINE TIEFE EMPFINDUNG ZU VERSPÜREN, wenn man an einem schönen Vormittag im August den Hang hinabsteigt, an dem Sallanches liegt, und sich dann das weite Amphitheater der Berge ausbreitet, ganz unterschiedlich in Farbe, Form, Größe und Höhe – enorme Massen, bald leuchtend, bald dunkel, grün und weiß, klar und undeutlich. Jeder Taleinschnitt wird von einem breiten Strahl der noch schräg stehenden Sonne überflutet, und darüber erhebt sich, gleich dem Schwurstein in einem Druidenkreis, majestätisch der Montblanc mit seiner Tiara aus Eis und seinem Mantel aus Schnee.

Victor Hugo, 1825

Als der englische Parlamentarier William Windham im Jahre 1743 dem »Eismeer« seinen Namen gibt, nächtigt er lieber im Zelt als in einer Herberge. Henriette d'Angeville, 1838 die zweite Frau auf dem Gipfel des Montblanc, hätte der Reisenden oben auf der Straße nach Sallanches (um 1900) sicherlich geraten, sich einen kleinen Spiegel zuzulegen, »um darin die schädliche Wirkung der Luft auf die Haut zu begutachten und diesem Missstand durch sanftes Einmassieren von Gurkensalbe entgegenzuwirken«.

Rechte Seite: die Zahnradbahn Montenvers (hier um 1920), die von Chamonix zum Eismeer fährt.

Doppelseite 254/255: der Gletscher, in dessen Spalten schon so viele stürzten, die auf der Suche nach Kristallklumpen im glitzernden Eis Quarz schürften.

ANNECY. IM KLEINEN HAFEN AM THIOU-KANAL ANKERT EIN DAMPFER, DIE FRANCE. Seine Schiffsglocke sendet einen ersten Aufruf an alle aus, welche die Seerundfahrt machen wollen; es ist halb elf Uhr morgens. Entlang des Kais drängen die Reisenden bereits zum Schiff, der Steg wird ausgelegt, man geht an Bord. Auf der glatten Wasseroberfläche des Sees spiegelt sich der azurblaue Himmel; wie schon die Tage zuvor verspricht auch dieser Freitag, der 21. Juli, herrlich zu werden.

E. Buffeteau, 1911

Oben: Abfahrt des Ausflugsdampfers, der auf dem See von Annecy verkehrt (35 km Rundfahrt). Vom Schiff aus erblickt man das Schloss von Duingt auf einer kleinen Insel inmitten schneebedeckter Berge, man gleitet an grünen Terrassen mit wildem Wein vorüber, an romantischen Pergolen (linke Seite, Foto von 1910).

Doppelseite 260/261, um 1890: die Altstadt von Annecy, die ihre Wachtürmchen über die Thiou-Kanäle hängt, in denen sich die gelben und rosafarbenen Fassaden spiegeln. *Doppelseite 256/57:* »Die Gletscher kriechen wie Schlangen, die ihrer Beute auflauern, von ihren fernen Quellen aus«, schreibt Shelley über den Montblanc, der ihn zu einem Gedicht inspiriert und ihn in »eine wundersam erhebende Trance« versetzt.

Ein äusserst beeindruckender Ort, von dem aus der Besucher nur ein Fleckchen Himmel sieht und wo er auf allen Seiten von senkrecht abfallenden Felsen eingeschlossen ist. Tiefe Stille herrscht hier; nur vom leisen Geräusch des von den Felsen herabtröpfelnden Wassers wird sie sanft durchbrochen.

Stendhal, 1837

GORGES DU FIER

Der Fier – der Thiou ist einer seiner Nebenflüsse – fließt in die Rhone; aus dem Massif des Aravis kommend, beendet er seinen Lauf in der Nähe von Lovagny. Wer im Bahnhof dieses Ortes den Zug verlässt, braucht nur noch zehn Minuten bis zur »Galerie des Gorges«, und für einen Franc pro Person kann er sich auf den »Balkon« stellen, den Charles B. Black seinen Landsleuten wie folgt beschreibt: »1162 Fuß lang, 72 Fuß über dem Sturzbach in einer 310 Fuß hohen Wand verankert.«
Rechte Seite: Der Dampfer, den man die Strömung hinauffahren sieht, wird von Black 1885 nicht erwähnt.
Oben: Besuch der Schluchten des Fier, dem *Guide Joanne* von 1905 entnommen und einem Postkartenheft, um 1935.

Dieses Jahr verläuft die Saison in Aix grossartig: Ein beträchtliches Kontingent an Zuwanderern aus Marseille und Genua hat sich dem jährlichen Touristenstrom hinzugesellt. In dem alpinen Garten Eden scheint ein jeder höchst beglückt; es wird gespielt – gewonnen, verloren; im Kampf mit dem Roulettespiel verbuchte die Literatur nicht nur große Erfolge, sondern auch herbe Rückschläge. Aber der König der Löwen im Spiel ist in diesem Jahr ein Restaurantbesitzer aus Aix, den ein phänomenaler Bart ziert. Einer Eingebung folgend, ließ er eines Tages seine Kochtöpfe im Stich, um den in der Roulettescheibe lauernden Teufel herauszufordern; am ersten Tag gewann der Koch drei- oder viertausend Franc, am Tag darauf noch einmal so viel. Auf die Beschwerden seiner Kunden über Kärtchen, die im Gebratenen steckten, verkündete der vom Glück verwöhnte Knabe schließlich, er werde fortan seine Zeit nicht mehr am Kochherd, sondern am Roulettetisch verbringen !

Auguste Villemot, um 1857

Nebenstehend: der Revolver für einen klassischen Selbstmord, wenn das Glück sich wendet, wenn das Spiel einen schicksalhaften Verlauf nimmt. Dennoch, »Kasino, das bedeutet in Aix Bälle, Konzerte, Musik, Unterhaltung, Esprit, Frohsinn«, ruft Amédée Achard aus – das Spielen bleibt unerwähnt. Das Kasino von Aix liegt am Stadtrand, in der Landschaft der Dent-du-Chat, zwischen einem Ehrenhof, der mit einem eleganten Eisengitter eingezäunt unc von schönen Gärten mit zwei Springbrunnen umgeben ist, die sich bis zum Bahnhof hinziehen.
Rechte Seite: vor dem Kurhaus eine jener pittoresken Sänften, in denen die Kurgäste transportiert wurden, um 1900. Daneben liegt das Hotel de l'Établissement Thermal.

Seiten 266 und 267: Le Guiers Mort und Le Guiers Vif sind Schluchten, die zum Massiv der Grande Chartreuse führen, die erste (*linke Seite*, koloriertes Foto von 1910) in 420 m Höhe, am Eingang des Désert, wo Bruno von Köln das Kartäuserkloster gründete, die zweite (*rechte Seite*, 1890) an den Lances de Malissart, auf 1 940 m. Die Kartausen, einsam gelegen inmitten des dunklen Waldes, teilen sich Kloster, Kirche und Friedhof und natürlich die strengen Ordensregeln. Es scheint jedoch kein Zusammenhang zu bestehen mit dem wohligen Schnurren der blaugrauen Katzen, die die Kartäuser in Frankreich einführten.

Noch eine Kehre, und die Autos erreichen den Col du Lautaret, den Pass, auf dem moderne Chalets stehen, sehr malerisch im alpenländischen Stil, die einzigen Gebäude hier in den hoch gelegenen Gebieten. Col du Lautaret und Hotel Bonnabel: Autofahrer stopp, alles aussteigen! (...) Der Graf Guy de Fayolle (...) könnte diese Ecke der oberen Dauphiné wohl kaum durchqueren, ohne den Versuch zu unternehmen, den Col du Galibier – 2658 Meter – zu erreichen. Da kommt er ja gerade in seinem Berliet, fährt die Rampe zum Hoteleingang hoch. Er ist ständig auf dem Pass unterwegs, überquert ihn, um dann nach zwei Kilometern links abzubiegen; wagemutig legt er sich in die steilen Kurven des Galibier!

E. Buffeteau, Juli 1911

Oben: Zwischen dem Maurienne-Tal und Briançon führt die Landstraße 902 über den Col du Galibier, bezwingt dann den Lautaret, der zu ihrer Rechten liegt (das Foto zeigt die Hotels auf dem Pass, 1920). Anschließend geht es über die Pässe Izoard und Vars in Spitzkehren hinunter in südlicher Richtung Guillestre und Barcelonnette. Die »Route des Grandes Alpes« (Straße der Großen Alpen) beginnt weiter nördlich, in Val d'Isère, am Col de l'Iseran (2770 m) und ist die Straße der Radsporthelden auf der Tour de France. Die Tour folgt ihr entlang der italienischen Grenze.
Rechte Seite: von der Straße zum Galibier, um 1910, Blick auf den Lautaret und Meije, in 3987 m Höhe. Mit ihrem glitzernden Gletschermeer in La Grave-en-Oisans waren beide Berge zu Zeiten Königin Viktorias Ziele des europäischen Alpinismus, Chamonix und Zermatt die legendären Ausgangspunkte.
Doppelseite 268/269: Auf der Route Napoléon, zwischen Gap und Grenoble, fährt von La Mûre ein kleiner Zug nach Saint-Georges-du-Commiers.

Einen ganzen Tag lang, vom Oberlauf der Ardèche bis zum Rhonetal, berauschte mich die Metamorphose der Landschaft. Das Blau des Himmels wurde lichter, der Boden trockener, der Geruch des Farns ertrank im Duft des Lavendels, die Erde nahm glühende Farben an: Ocker, Rot. Violett. Die ersten Zypressen tauchten auf, die ersten Ölbäume. Mein Leben lang empfand ich die gleiche, tiefe Erregung, wenn ich aus dem gebirgigen Herzen eines Landes zum Mittelmeerbecken kam. Auch Sartre war für die Schönheit dieser Abfahrt empfänglich.

Simone de Beauvoir, 1941

Oben: An der Rhone-Uferstraße, 200 Meter über dem Strom, liegen die Ruinen des Schlosses Crussol, die »Hörner von Crussol«, wie man in Valence sagt. Sie zieren die rechte Seite der Stadt und die Dauphiné-Alpen die linke. Die Rhone, Lebensader zwischen Nord und Süd, würde das östliche und westliche Ufer voneinander trennen, wären da nicht die Hängebrücken, deren Bögen, wie der in der Mitte des Fotos, Sonnenuhren gleich, täglich anhand der wandernden Schatten auf dem Strom den Lauf des Gestirns anzeigen. Auch weiter südlich, in La Voulte, hat der Reisende von der Esplanade des alten Schlosses einen schönen Blick auf die Ebene mit den Pfirsich- und Kirschbäumen und die Berge im Hintergrund. Von hier aus fuhr ein Dampfzug durch das Tal von Eyrieux nach Saint-Agrève – so wie heute wieder der kleine Zug nach Dunières *(rechte Seite)* – zwischen den Kastanien an der Ardèche und den Maulbeerbäumen im Vivarais, wo so manch einsame Zypresse darauf hindeutet, dass den Protestanten eine Begräbnisstätte auf geheiligtem Boden verwehrt wurde. Wenn die Zypressen dichter werden und sich Ölbäume hinzugesellen, dann ist man im Süden angekommen.

Als Faksimile: Umschlag eines hübschen Bildbands für Touristen, herausgegeben von der PLM um 1925.

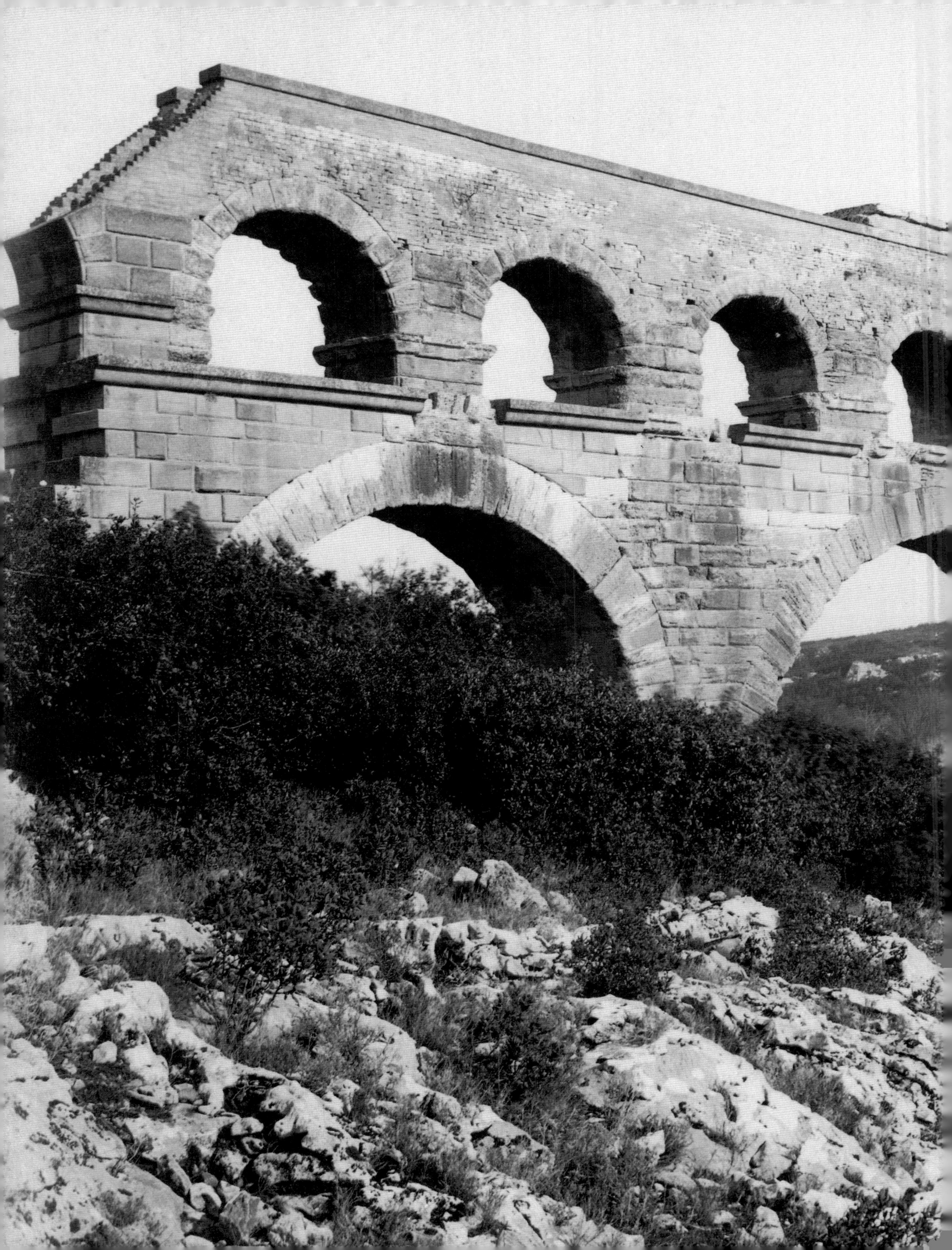

Gleich bei meiner Ankunft um fünf Uhr morgens in Nîmes eile ich zur Maison Carrée. Welch gewöhnlicher Name für einen so bezaubernden kleinen Tempel! Zunächst einmal ist er gar nicht quadratisch, sondern er hat die Form einer Spielkarte – wie jeder ordentliche antike Tempel. Sein kleiner offener Portikus, von reizenden korinthischen Säulen getragen, zeichnet sich am blauen Himmel des Südens ab. (...) In meinen jungen Jahren erlebte ich, wie der Maison Carrée auf übelste Weise mitgespielt wurde: Hunderte von Kindern warfen Steine nach den Vögeln, die in den Skulpturen der Kapitelle nisteten, die Gören kletterten an den Säulen hoch und so weiter. Ein kunstsinniger Präfekt, Monsieur Duterrage, ließ eine eiserne Balustrade um den Tempel anbringen und die Arena restaurieren.

Stendhal, 1837

Oben: der mit Mauern und Dach besterhaltene römische Tempel der Welt, woher zweifellos die Bezeichnung »Maison« (Haus) rührt. Der Säulengang entsprach, wie auf dem Foto zu sehen, einer neoklassischen Theaterfassade.
Rechte Seite: auf der Anhöhe des Mont Cavalier, oberhalb des Jardins de la Fontaine, der Gartenanlage an der Neamusquelle, die Tour Magne mit einem Ausblick bis zu den Cevennen und dem Mont Ventoux und auf die »mazets«, die kleinen Landhäuser der Bürger von Nîmes in der Umgebung, den Garrigues.
Im Jardin de la Fontaine stehen die Ruinen eines Dianatempels, sicher ein Teil der Thermen. Fragmente von Friesen und Kranzleisten sind erhalten; von »Statuen, die zerbrochen sind, man sieht nur noch Stümpfe und Teile von Gewandungen, die zerrissen scheinen und sich allein aufrecht halten, wie Mamorfetzen«, vermerkt Flaubert.
Doppelseite 274/275: der Pont du Gard – eine steinerne Sperrmauer zwischen dem Languedoc und der Provence.

Ein Stierrennen ist eine Festlichkeit, die eine südliche Stadt in Aufruhr versetzt. Alles ist an diesem Tag festlich gestimmt; in den sonst so friedlichen Straßen herrscht ungewöhnlich reges Leben. Vehikel aller Arten werden hervorgeholt; uralte Kaleschen, vorsintflutliche Gefährte, längst vergessen in ihren staubigen Schuppen, werden überraschend wieder ans Tageslicht befördert; überquellende Omnibusse flitzen pausenlos hin und her. Obwohl das Spektakel erst um drei Uhr beginnt, haben sich die Schaulustigen bereits seit Mittag in dichten Reihen aufgestellt.

Théophile Gautier, um 1860

NÎMES

ARLES

Oben (um 1870): das Amphitheater von Nîmes, »Les Arènes«. Es war gerade zwei Jahre zuvor vom Erdreich, das ihm bis zum Halse stand, befreit worden, als Flaubert es bei Anbruch der Nacht besuchte. Er stellte sich vor: »Es gab eine Zeit, wo es hier von dröhnenden Stimmen hinauf und hinunter widerhallte und wo man nur rot besetzte Tuniken, Purpurmäntel über den Schultern der Senatoren sah. Das Velarium flatterte, und Safran feuchtete den Sand, bevor blutiger Tau alles besudelte.« Sand und das Blut der *toros* vermischen sich hier immer wieder aufs Neue. In der Arena von Arles indes (*rechte Seite*, um 1880) gehen die Stierkämpfe der Camargue unblutig aus. *Doppelseite 280/281:* »Es gibt hier einen gotischen Kreuzgang, dessen Schönheit mir allmählich aufgeht, den Kreuzgang von St. Trophime«, schreibt Vincent van Gogh am 10. März 1888 von Arles aus an seinen Bruder Theo. »Aber er ist so grausam, so ungeheuerlich wie ein chinesischer Albdruck, dass selbst dieser schöne Bau in einem so großartigen Stil mir wie aus einer anderen Welt vorkommt.« Im Bild eine der beiden romanischen Galerien des Kreuzgangs, Anfang des 20. Jahrhunderts.

AIX, DAS HEISST VOR ALLEM CÉZANNE. Dennoch ist auch die Stadt einen Besuch wert. Ich würde hier gern die Brunnen, die alten ockerfarbenen Häuser und die Ansichten auf das Rom Nicolas Poussins zeichnen. Den Giebel der Kornhalle, den Obelisken Karls von Anjou, den alten Belfried, den Cours Mirabeau, seinen dampfenden Brunnen. (...) Die schöne Fassade der Kathedrale. Auf dem Landgut Jas de Bouffan ein von Cézanne häufig gemaltes Wasserbecken, ein prächtiger Salon, vergoldete Möbel, Konsolen, Chinaporzellan, ein Veronese und an der Wand Bilder von Cézanne, ungestüm, jung (...). An der Tür: »Zu Monsieur Cézanne bitte klingeln«. Wir gehen hinauf, kein Mensch. Man sagt uns: »Er ist zur Messe in Saint-Sauveur«.

Maurice Denis, 1906

AVIGNON

AIX-EN-PROVENCE

Nebenstehend: der Cours Mirabeau in Aix-en-Provence. Die Baumreihen trennen die Terrassen der berühmten Cafés – wie Les Deux Garçons (Nr. 53) – von den herrschaftlichen Häusern am gegenüberliegenden Trottoir. Im Norden, am Stadtausgang, Cézannes Atelier in den letzten zehn Jahren seines Lebens, unverändert, von wo aus der Blick bis zu »seiner« Montagne Sainte-Victoire im Osten geht. Der Verkehrsverein bietet eine 40-km-Tour durch Cézannes Landschaften an. Simone de Beauvoir, eine passionierte Wanderin, legte viel mehr Kilometer zurück, zu Fuß, von Tagesanbruch bis in die Nacht, jeden Donnerstag und jeden Sonntag im Jahr 1930. Aus Marseille kommend, entsteigt sie einem kleinen grünen Mattéi-Bus: »Ich wanderte auf roten und ockergelben Wegen über die Ebene von Aix, wo ich die Gemälde Cézannes wiedererkannte. (...) Allein wanderte ich in den Nebeln auf der Höhe von Sainte-Victoire, auf der Bergkette des Pilon du Roi, gegen die Gewalt des Windes, der meine Mütze ins Tal schleuderte. (...) Immer genoss ich es, mit gleicher Intensität, wenn ein Punkt, ein Strich auf einer Landkarte oder drei Zeilen in einem Reiseführer sich in Steine, Bäume, Himmel und Wasser verwandelten.« *Linke Seite:* die Brücke Saint-Bénézet, genannt »Pont d'Avignon«, um 1910, und ein Stück der Stadtmauer, drei Jahrzehnte später. Bei diesem Licht mutet die Stadt orientalisch an.

Marseille
Le palais de justice
Marseille
La préfecture
Marseille
Notre-Dame de la Garde
Marseille
La Bourse
Cathédrale
Quai de la Cannebière

Da sind wir nun endlich auf der Canebière. Was für eine staubige Geschäftigkeit, was für ein Verkehr, was für eine Emsigkeit, was für Massen von Schiffen, Schiffsmasten; überall hantieren Menschen herum, in der Luft, zu Lande und zu Wasser, in Bündeln aufgehängt an den Ankerwinden, wie die Spinne in ihrem Fadenkreuz an den Tauen. (...) In die alte Welt zurückgekehrt, rennt ein eiliger Herr mit seinem Gepäck für die Nacht in der Hand an mir vorbei und fragt mich: »Der Omnibus zum Schiff nach Schanghai? Bitte!« Wie in Paris, wenn einer nach dem Omnibus nach Roule fragt, aber schnell!

Félix Ziem, 1863

Zwischen den Treppen des Bahnhofs Saint-Charles (*linke Seite, Mitte*), dort kommt man an, und dem Alten Hafen (*oben*, um 1870, und *links*, um 1930), von dort fährt man eventuell ab, kann man mit Simone de Beauvoir auch einfach nur bleiben und Marseille in sich aufsaugen – auf der Canebière, auf der ersten Etage der Brasserie O'Central, in der mit Fotos von Boxern dekorierten Taverne Charley, in einem Café auf der Place de la Préfecture, unter den Platanen oder im Cintra am Alten Hafen: »Straßenbahnen rasselten, die Ausrufer von Venusmuscheln, Miesmuscheln und Seeigeln schrien durcheinander; andere verkündeten die Abfahrtszeiten nach dem Château d'If, nach Estaque, zu den Calanques. Ich betrachtete den Himmel, die Passanten, den Fährhafen. (...) Ich fühlte mich wohl.«

Doppelseite 286/287: die neue Kathedrale am Rande der Altstadt, neben dem Hafen. Sie wurde im 19. Jahrhundert nach Plänen von Léon Vaudoyer im romanisch-byzantinischen Mischstil erbaut.

TERRIS phot

LEONI Fres & BONNET
ENTREPRENEURS de PEINTURES
COMPOSITION SOUS-MARINE POUR

Cassis, ein kleines weisses Städtchen mit einem grossen weissen Schiff, das entladen wird. Ein schöner Felsen, senkrecht über dem Meer thronend, in der Morgensonne. (...) Frisch und klar. Die Straße führt durch die Obstgärten, dann nach Sanary hinunter, wo die ersten Blumen hervorlugen. Als wir vorbeikamen, beschnitt man gerade die Eukalyptusbäume am Hafen. Frauen wuschen in einem Becken, das die gleiche Farbe hatte wie das Meer.

Maurice Denis, 1906

Oben: der Hafen von Cassis um 1920. Ein Schiff, das vielleicht Wein lädt, Boote, die zu den Calanques (Felsbuchten) von En-Vau, Port-Pin und Port-Miou fahren – tiefen Einschnitten im Massiv von Marseilleveyre und Puget.
Rechte Seite, um 1900: Hyères, die Altstadt am Fuße des Castéou, die Neustadt in der Ebene, Palmenalleen, Rosenzucht und natürlich die vorgelagerten Inseln Porquerolles und Port-Cros, wo es dem Wald gelungen ist, über das Meer zu wachsen.

Doppelseite 290/291: Le Rayol. »Das Mittelländische Meer hat eine Farbe wie die Makrelen, also wechselnd«, schreibt van Gogh an seinen Bruder, »man weiß nicht recht, ist es grün oder violett, man weiß nicht recht, ist es blau, denn eine Sekunde später schimmert es rosa oder grau ...« Was zu Zeiten der Maler der Gipfel an Wildheit war, wurde zu »Saint-Trop« und zur Inkarnation der Mode – zur gleichen Zeit, als aus Brigitte Bardot B.B. wurde. Aber hieß nicht schon das Bild, zu dem Matisse in dieser Landschaft angeregt wurde, *Luxus, Ruhe und Sinnlichkeit?*
Als Faksimile: der Hafen von Saint-Tropez im Sommer 1931.

GREOULX
DIGNE
GRANDES FETES

Sie fuhren die Riviera entlang (...). Der Chauffeur, ein russischer Zar aus der Zeit Ivans des Schrecklichen, war ein selbst ernannter Führer, und die glanzvollen Namen – Cannes, Nizza, Monte Carlo – begannen hinter ihrer trägen Tarnung aufzuleuchten, von alten Königinnen zu wispern, die hierher gekommen waren, um zu schmausen oder zu sterben, von Maharadschas, die englischen Balletttänzerinnen Buddha-Augen zuwarfen, von russischen Großfürsten, die in den entschwundenen Kaviar-Tagen die Wochen in baltisches Zwielicht tauchten. Überall entlang der Küste hing noch die Spur der Russen in der Luft.

Francis Scott Fitzgerald, 1946

Nach 1860 belebte sich die Küstenstraße, und die Corniche von Nizza nach Monaco gliederte sich in eine untere, eine obere und eine mittlere Straße. Damit war der Weg frei für die Torpedos, Roadsters und andere Kabrioletts wie Hispano, Hotchkiss oder Delahaye, die Wind unter die Baskenmützen bliesen und die langen Schärpen der Wilden Zwanziger flattern ließen.
Oben: die Familie des Fotografen Jacques Henri Lartigue, 1923 auf der Straße nach Cap d'Antibes.
Rechte Seite: Hotelnotizen von 1897, darüber der Einband eines Albums über die Riviera von der Galerie des Beaux-Arts de la Riviera. Die Ufer der Côte d'Azur sind von Luxushotels gesäumt. Ihre hoch aufragenden Fassaden zieren Gesimse, Giebel und Balustraden, über die in *Über den Dächern von Nizza* Cary Grant und Brigitte Auber klettern. In seinem Film von 1955 bedient sich Hitchcock als Erster der Grandhotels, hauptsächlich im Blickwinkel ihrer Fassade, man könnte sagen ihrer Wand, wie einer natürlichen Landschaft. Dies war die letzte Hommage Hollywoods an die Côte d'Azur und Anlass für die Begegnung von Grace Kelly mit dem Fürsten von Monaco.
»Mais fallait, fallait m'voir/Danser le charleston/Quand j'avais trente ans/À Cannes au Carlton«, so besingt Philippe Clay zur gleichen Zeit voller Nostalgie die Wilden Zwanziger (Ihr hättet mich sehen sollen/Wie ich den Charleston tanzte/Als ich dreißig war/Im Carlton in Cannes). Das Carlton, schön wie die Jugendzeit, mythisch wie das goldene Zeitalter, wurde von Stars und Starlets in Beschlag genommen, als Cannes dank des Filmfestivals zum Synonym für Kino geworden war.

LUMIÈRE ELECTRIQUE
ASCENSEUR
HÔTEL DES ANGLAIS
NICE
HÔTEL GRAY & D'ALBION CANNES
H. FOLTZ. PROPRE
LA RIVIERA PITTORESQUE
LA COTE D'AZUR 45. CANNES – Carlton-Hôtel
HOTEL RUHL
1, Promenade des Anglais
NICE

HOTEL MARTINEZ
CANNES
é et d'hygiène que, depuis
sommateurs, toutes précau-
main.
at-Savarin. J'entends parler
nc vêtus, s'empressent sous les
des maîtres-queux de ce temps.
ation que pour la distribution
issons, légumes, pâtisserie, etc.
cialistes en tout genre.
usivement du petit déjeuner est
l'hôtel. Un appel le matin, et,
ous apporte café-au-lait, thé ou
ner comme toasts, eggs and bacon,
t un breakfast digne de ce nom.
vous le confie, une des attractions
ne manquent point.
les frigorifiques et chambres froides
ticles d'alimentation à tenir au frais.
our le poisson, pour les légumes, pour
er sous-sols plus ingénieusement distri-
Tout y est étincelant de cuivres et de
84
L'HOTEL MARTINEZ
AMEUBLEMENT ET DÉCORATION
WARING & GILLOW
nickels, fourmillant de manettes, de robinets et de
vissement de la science à l'hygiène et au confort
sujet de concours, pour remplacer les poncifs d
Des sous-sols, passons maintenant à l'hô
Des jardins, des terrasses, un accès con
à l'abri d'une grande marquise en ciment a
Dès l'entrée, le calme et le confort vous séd
de grosses colonnes gravées et dorées ; be
modes différents, une grande simplicité
pauvreté : tel est l'aspect général de l'Hô
Le concierge, la réception, tout c
voyageur.
En face de l'entrée, le grand escal
seurs.

DAS HOTEL CAP D'ANTIBES WAR NAHEZU MENSCHENLEER. Die Hitze des Tages verweilte auf den blauen und weißen Steinen des Balkons und auf den Strandlaken, die unsere Freunde auf der Terrasse ausgebreitet hatten. Wir wärmten unsere von der Sonne verbrannten Rücken und dachten uns neue Cocktails aus.

Francis Scott Fitzgerald, 1924

Oben: Bibi im Hotel Eden-Roc. Bibi – das ist Madame Lartigue und nicht nur ihr Hut, 1920. In diesem Hotel waren die Lartigues Stammgäste, ebenso Scott und Zelda Fitzgerald, ihre Zimmernachbarn in jenen Jahren, Dos Passos, Mistinguett und Rudolfo Valentino. Lartigue, der Fotograf und Zeitzeuge, zieht sich später nach Opio zurück, während seine Momentaufnahmen, im Museum für Fotografie von Mougins zu sehen, noch immer ein Beleg für die schönen und wilden Jahre an der Côte d'Azur sind.
Linke Seite: im *Livre des cinq capitales (Buch der fünf Hauptstädte)* und auf einer Karte aus den 1920er-Jahren das Hotel Martinez in Cannes und seine Art-déco-Ausstattung, die Barsessel aus der Produktion von Warring & Gillow aus London, die Restaurantstühle in perlgrauem und bordeauxrotem Alcantara, umrahmt von schwarzem Lack.

Was für eine Reise! Sie hätte so schön sein können! Normalerweise kam ich mit stets neuer Begeisterung wieder in dieses wunderbare Land, die Côte d'Azur. Beim Erwachen erschien sie mir immer wie ein Stückchen Paradies – nach der fürchterlichen Abfahrt von Paris, im Schnee, im Regen oder im Matsch, nass, finster, schmutzig! Mit welcher Freude setzte ich am Abend meinen Fuß auf das Trittbrett des prächtigen PLM-Zuges, in der Gewissheit, meinen strahlenden Freund vorzufinden, der mich am nächsten Tag am Ende der Eisenbahnschienen erwarten würde: die Sonne!

Gaston Leroux, 1895

»Der ganze Mont-Boron ist ein riesiger Blumenstrauß, und in den Obstgärten wuchern üppige Rosen. Sie erahnen nicht, wie viel Poesie in meinen Ölbäumen liegt, wenn sie inmitten der sich langsam entblätternden Rosen im Mondenschein glänzen. Ich lebe in der verwirrenden und betäubenden Atmosphäre eines Romans von D'Annunzio und lasse mich davon zutiefst berauschen«, schreibt Jean Lorrain am 25. April 1902 über die Villa Bonnin, Boulevard de l'Impératrice-de-Russie in Nizza.

Oben: Panorama von Nizza im Jahr 1900.

Links als Vignette: PLM-Plakat von Hugo d'Alesi.

Doppelseite 298/299: die Promenade des Anglais, offiziell so genannt seit 1844. Im Bild das Casino de la Jetée, 1891 in die Baie des Anges hineingebaut und im Zweiten Weltkrieg zerstört, und gegenüber das Hotel Negresco, 1913 erbaut. Den königlichen Salon im Erdgeschoss – die Verglasung stammte aus den Werkstätten von Gustave Eiffel – schmückt ein 375 m großer Savonnerie-Teppich, der für sich allein ein Zehntel des Gesamtpreises des Hotels kostete, und ein 16 800-teiliger Kristallüster aus Baccarat. Wir gehen nicht in die oberen Etagen hinauf!

Weitere Symbole für die Riviera als Treffpunkt der großen Welt sind die russische Kirche in der Rue Longchamp, 1859 geweiht, und die orthodoxe Kathedrale Saint-Nicolas, ihre Nachfolgerin, 1903–1912 auf Initiative des Zaren Nikolaus II. erbaut. Als die Promenade des Anglais sich ihr heutiges Aussehen zulegte, seit 1931 mit doppelter Fahrbahn, hatten die Droschken aber bereits den Limousinen und die Hoheiten den Magnaten in Begleitung der Demi-monde Platz gemacht.

Trotz ihres Geruchs nach Käse und Stockfisch bereitet die Altstadt mir ungeheuren Spass. Da sind reizende Winkel, abrupte Übergänge von Schatten zu hellem Licht, alte Mauerflächen in wunderbaren Farbtönungen und Kirchtürme, freundliche Kirchtürme wie an der italienischen Riviera, die sich am Ende einer dunklen Gasse weiß wie Minarette vom strahlend blauen Himmel abheben. Und da sind kleine Märkte im vollen Sonnenlicht, wo Grünzeug, Orangen und Tomaten einen Farbenrausch erzeugen, der appetitanregend und erheiternd wirkt.

Victorien Sardou, um 1890

Nebenstehend: Überall in der Stadt sind provenzalische Märkte – mit »ihrem rollenden Akzent für geschenkt«, so besingt sie 1957 Gilbert Bécaud, der in Toulon geborene Preisträger des Konservatoriums von Nizza. Man findet sie hinter den Ponchettes, am Cours Saleya bis hinunter zum Hafen (Foto um 1930).
Linke Seite: ein Hauch von Italien. Klappläden, die hier dazu dienen, die Kühle vor der sengenden Sonne zu schützen. An den glatten Fassaden der Häuser kann man aber auch durch die vertikalen Ritzen – friedliche Zinnen – auf die Straße hinuntersehen, die Kinder rufen oder am Ende einer Schnur den Einkaufskorb herunterlassen.
Doppelseite 302/303 (Foto von 1890): »An der Riviera kennt man keine Langeweile. Von November bis Mai ist in Nizza Karneval«, meint Jean Lorrain. Eine großzügige Auslegung des Karnevals – damit ist die ganze Wintersaison gemeint, die privaten Feste und dazu die überschäumende Fröhlichkeit der Menschen vorher, währenddessen und danach. So wurde 1905 im Karneval und anlässlich der Feierlichkeiten zur Vergabe des Nobelpreises für Literatur an Henryk Sienkiewicz, der selbstverständlich an der Côte d'Azur weilte, vom Künstlerkreis das Quo-Vadis-Fest organisiert, an dem Jean Lorrain im »prächtigen Gewand eines assyrischen Botschafters« teilnahm und »den Orient tanzte, seine tragische, betörende, tödliche Langsamkeit«.

LA FEMME BARBE

ROUSSIGNOU VOLA
RELACHE
LA NICOISE

Das Spielkasino, der Rivale des Palais du Prince, liegt gegenüber. (...) Hier das Herrscherhaus und dort das Spielhaus, die alte und die neue Gesellschaft verbrüdert sich beim Klang des Goldes. (...) Schon beim Betreten dröhnt einem das ständige Geldgeklimper wellenartig ins Ohr, sein voller, klarer, bedrohlicher Klang dringt bis in die Seele, geht zu Herzen, verwirrt Gedanken und Geist. Es ist überall zu hören, dieses singende, schreiende, rufende, verlockende, herzzerreißende Geräusch.

Guy de Maupassant, 1888

3 Avril 1910

REVUE DE LA Riviera Illustrée

Revue hebdomadaire paraissant le Dimanche

Robert COQUELLE, Rédacteur en Chef

LES SOUVERAINS A MONTE-CARLO

DAS HOTEL DE PARIS IN MONTE CARLO WAR EIN LUXUSHOTEL WIE AUS EINEM KRIMINALROMAN. Alles wurde uns besorgt: Eintrittskarten und Ausweise, Straßenkarten und neueste Berühmtheiten. Wir verharrten eine ganze Weile in der Sonne, dass man uns mit sämtlichen Accessoires ausstatte, deren es eines kasinowürdigen Pensionsgastes bedurfte. Schließlich nahmen wir die Sache selbst in die Hand und baten den Hotelboy eindringlich, uns eine Zahnbürste zu bringen.

Francis Scott Fitzgerald, 1930

Oben: Das Hotel de Paris (Foto um 1925) ist ein Nachbau des Grandhotel am Boulevard des Capucines und steht wie dieses neben einem Theater des Architekten der Opéra, Charles Garnier. Damit war 1880 auf dem monegassischen Felsen das Seebad Paris entstanden, alles, was nicht böhmisches Kristall, goldziseliertes Mahagoniholz oder erlesener Wein war, hatte man aussortiert.
Linke Seite unten: die Revue de la Riviera, fast ausschließlich mit den Initialen SAS, SAR, SAI (der Hoheiten) bestückt; *oben:* das Kasino von Garnier, heute erweitert mit einer Aussichtsterrasse über dem Meer und einem Kongresspalast im Zentrum, wo sich einst der Taubenschießstand befand (hier um 1900).
Als Faksimile: Postkarte zum Andenken, 1900.
Doppelseite 306/307: Zypressen weisen mit ihren Spitzen auf das Schloss von Roquebrune; an der Straße nach Menton steht ein »tausendjähriger Ölbaum« mit einem zehn Meter dicken Stamm.

Gd HOTEL DE MONT

Die Reede war von unvergleichlicher Pracht und das Meer von einer solchen Transparenz, dass das Sonnenlicht hindurchschien wie durch einen kristallklaren Spiegel. Felsen, Algen, Moos und der ganze Meeresgrund waren so deutlich zu erkennen, als würde das nasse Element sie nicht mehr bedecken. Der sanfte Uferbogen von Menton umrahmte die glasklare Bucht mit einem Meer von Blumen.

Gaston Leroux, 1895

MENTON

Nebenstehend: Menton in den 1890er-Jahren. Büsche rahmen die Kirche Saint-Michel ein, die 1675 geweiht und 1701 mit einem 53 m hohen Campanile ausgestattet wurde. In der intimen Atmosphäre ihres barocken Vorplatzes finden im August Kammermusikkonzerte statt.
Als Medaillon: das Kasino, kolorierte Karte von 1900.
Linke Seite: das Grandhotel Mont-Agel, eines aus der langen Liste der Luxushotels: Vendôme, Balmoral, Westminster, Riviera, Winter und dann das »Orient«. Als die Eisenbahn 1884 das erst seit 20 Jahren französische Menton erreichte, quartierten sich hier englische und russische Reisende ein, mitten zwischen unzähligen exotischen Gewächsen – Mahonia, Stechapfel, Akazien, Magnolien, Strelitzien, Johannisbrotbäume ...

Oben: Bastia Anfang des 20 Jahrhunderts. Der Alte Hafen wird von der Fassade der Kirche Saint-Jean-Baptiste im pisanischen Stil beherrscht. Zur Sonnenwende werden auf dem Meer Johannisfeuer angezündet, große, auf Flößen treibende Scheiterhaufen. Rundherum eine ganze Bootsflotille, die verhindern soll, dass sie der Stadt zu nahe kommen, während mitten in den Flammen Kinder tauchen. Im Bild lässt der Karren, den zwei hintereinander gespannte Esel ziehen, erahnen, wie eng die Sträßchen im Hafen von Bastia sind.

Rechte Seite: in den Bergen der biblische Esel, das ewige Lasttier. Es teilt die strenge Genügsamkeit des Menschen, welcher nicht nur das raue Klima, den kargen Boden, sondern auch noch den steifen Stehkragen erträgt.

Doppelseite 310/311: der Golf von Girolata. »Wir sind wieder am Meeresufer entlang geritten. Wieder zogen wir den Weg durch den Busch voller roter Erdbeerbäume und blühender Myrten, wieder sahen wir den Azur der Fluten, auf denen die Sonne glänzte. Hier und da bildeten sich große Kreise auf den Wassern und verschwanden langsam; es waren Delphine, die miteinander spielten«, berichtet Flaubert 1840.

Nicht ohne Überraschung erfährt der Reisende, dass die absolute Abgeschiedenheit der Dörfer so weit geht, dass zwei Gemeinden, die an der Flanke desselben Gebirges und nur ein paar Stunden Wegs voneinander getrennt liegen, jahrelang keinerlei Kontakt zueinander hatten. (...) So bin ich, am Ende total erschöpft, durch mehrere Ortschaften gekommen, wo unser Auftauchen doch wahrhaftig wie eine Geistererscheinung aufgenommen wurde. Mit wohlwollender Neugierde begutachtete man unsere Kleidung, unsere Waffen, unser Schuhwerk, und beim Anblick der langen Bärte und der martialischen Physiognomie dieser braven Leute kam es uns vor, als befänden wir uns in einer fernen, unbekannten Gegend.

Adolphe Jérôme Blanqui, 1838

Orte und Sehenswürdigkeiten

Eigennamen

Nachweis der Zitate

S. 22: André Maurois, *Paris*, Paris 1960

S. 26: Thomas Mann, Pariser Rechenschaft. In: Mann, *Autobiographisches*, Frankfurt/M. 1968

S. 30: Jean-Marie Goulemot, Paul Lidsky, Didier Masseau, *Le voyage en France*, Paris 1997

S. 33: Oscar Wilde, *Die Sphinx ohne Geheimnis*, Zürich 1970

S. 34: *Vie et Histoire du XVIIIe arrondissement*, hg. von Pierre de Lagarde, Paris 1988

S. 39: Francis Scott Fitzgerald, Show Mr and Mrs F to Number ... In: Fitzgerald, *The Crack-up*, hg. von Edmund Wilson, New York 1945

S. 41: Ernest Hemingway, *Paris – ein Fest fürs Leben*, Reinbek 1971

S. 44: Léon Gozlan, *Le Notaire de Chantilly*, Paris 1856

S. 46: Paul Gruyer, *Un mois en Normandie*, Paris 1922

S. 50: Jules Michelet, *Sur les chemins de l'Europe*, Paris 1893

S. 55: Hippolyte Taine, Carnets de voyage. In: Goulemot/Lidsky/Masseau, *Le voyage en France*, Paris 1997

S. 64: Marcel Proust, *Jean Santeuil*, Bd.1, Frankfurt/M. 1984

S. 68: James Fenimore Cooper, Souvenirs d'Europe. In: Goulemot/Lidsky/Masseau, *Le voyage en France*, Paris 1997

S. 72: Julien Pecheux, *L'Age d'or du rail européen*, Paris 1975

S. 73: Simone de Beauvoir, *In den besten Jahren*, Reinbek 1961

S. 77: *Guide des Familles aux bains de mer.* Les petits trous pas chers, Paris 1898

S. 78: Goulemot/Lidsky/Masseau, *Le voyage en France*, Paris 1997

S. 81: Marcel Proust, *Auf der Suche nach der verlorenen Zeit. Im Schatten junger Mädchenblüte*, Bd.1, 16. Tsd., Frankfurt/M. 1961

S. 85: Goulemot/Lidsky/Masseau, *Le voyage en France*, Paris 1997

S. 89: Théophile Gautier, Quand on voyage. In: Goulemot/Lidsky/Masseau, *Le voyage en France*, Paris 1997

S. 90: Gustave Flaubert, *Voyage en Touraine et en Bretagne*, Paris 1945

S. 94: Goulemot/Lidsky/Masseau, *Le voyage en France*, Paris 1997

S. 96: Goulemot/Lidsky/Masseau, *Le voyage en France*, Paris 1997

S.100: Goulemot/Lidsky/Masseau, *Le voyage en France*, Paris 1997

S. 102: Goulemot/Lidsky/Masseau, *Le voyage en France*, Paris 1997

S. 106: Francis Scott Fitzgerald, Show Mr and Mrs F to Number ... In: Fitzgerald, *The Crack-up*, hg. von Edmund Wilson, New York 1945

S. 114: Goulemot/Lidsky/Masseau, *Le voyage en France*, Paris 1997

S. 118: Jacques Bugier, *Visages de Blois*, Paris 2001

S. 121: Victor Hugo, Correspondence, Bd.1. In: Hugo, *Œuvres complètes*, Paris 1955

S. 124: Gustave Flaubert, *Voyage en Touraine et en Bretagne*, Paris 1945

S. 125: Henry Miller, *Land der Erinnerung*, Reinbek 1967

S. 129: Stendhal, *Mémoires d'un touriste*, Paris 1955

S. 130: Valéry Larbaud, *Allen*, Paris 1927

S. 132: Goulemot/Lidsky/Masseau, *Le voyage en France*, Paris 1997

S. 136: Edward Barker, A pied à travers l'Auvergne, le Velay et le Viverais en 1863. In: Goulemot/Lidsky/Masseau, *Le voyage en France*, Paris 1997

S. 138: Goulemot/Lidsky/Masseau, *Le voyage en France*, Paris 1997

S. 142: Robert Louis Stevenson, *Voyages en France*, Paris 1951

S. 156: Adolphe Joanne, *Guides Diamant: Bordeaux, Arcachon, Royan*, Paris 1870

S. 158: Goulemot/Lidsky/Masseau, *Le voyage en France*, Paris 1997

S. 160: Stendhal, *Voyage dans le Midi*, nouvelle ed., Sceaux 1956

S. 163: Stendhal, *Voyage dans le Midi*, nouvelle ed., Sceaux 1956

S. 164: Henrica Rees van Tets, *Voyage d'une Hollandaise en France en 1819*, Paris 1966

S. 168: Francis Jammes, *De l'âge divin à l'âge ingrat*, Paris 1921

S. 170: Stendhal, *Voyage dans le Midi*, nouvelle ed., Sceaux 1956

S. 172: Adolphe Joanne, *Guides Diamant: Bordeaux, Arcachon, Royan*, Paris 1870

S. 178: Adolphe Joanne, *Biarritz and its Vicinity.* Joanne's Guide Books, Paris 1905

S. 179: *Biarritz au vent du large et de l'histoire*, Biarritz 1988

S. 184: Victor Hugo, France et Belgique. In: Hugo, *Œuvres complètes*, Bd. 34, Paris 1955

S. 188: Émile Zola, *Lourdes*, Paris 1995

S. 192: Victor Hugo, France et Belgique. In: Hugo, *Œuvres complètes*, Bd. 34, Paris 1955

S. 195: Paul Guiton, *Routes des Pyrénées*, Grenobles 1939

S. 198: Stendhal, *Voyage dans le Midi*, nouvelle ed., Sceaux 1956

S. 202: Henry James, *A Little Tour in France*, London 1924

S. 204: Henry James, *A Little Tour in France*, London 1924

S. 211: Valéry Larbaud, *Allen*, Paris 1927

S. 212: Goulemot/Lidsky/Masseau, *Le voyage en France*, Paris 1997

S. 216: Edith Wharton, Voyage au front de Dunkerque à Belfort. In: Goulemot/Lidsky/Masseau, *Le voyage en France*, Paris 1997

S. 218: Edith Wharton, Voyage au front de Dunkerque à Belfort. In: Goulemot/Lidsky/Masseau, *Le voyage en France*, Paris 1997

S. 221: Goulemot/Lidsky/Masseau, *Le voyage en France*, Paris 1997

S. 222: Pierre Bouloumié, *Création d'une ville thermale: des origines, 1851, à 1924: histoire de Vittel*, Mirecourt 1982

S. 224: Goulemot/Lidsky/Masseau, *Le voyage en France*, Paris 1997

S. 228: Edmond About, *Alsace*, Paris 1905

S. 244: Henry Miller, *Land der Erinnerung*, Reinbek 1967

S. 246: Goulemot/Lidsky/Masseau, *Le voyage en France*, Paris 1997

S. 251: Louis Girod, Evian et le Chablais au fil de l'histoire. In: Cathérine Sauvat, *Damals in Marienbad*, München 2000

S. 252: Victor Hugo, France et Belgique. In: Hugo, *Œuvres complètes*, Bd. 34, Paris 1955

S. 259: Goulemot/Lidsky/Masseau, *Le voyage en France*, Paris 1997

S. 262: Stendhal, *Mémoires d'un touriste*, Paris 1955

S. 264: Goulemot/Lidsky/Masseau, *Le voyage en France*, Paris 1997

S. 270: Goulemot/Lidsky/Masseau, *Le voyage en France*, Paris 1997

S. 272: Simone de Beauvoir, *In den besten Jahren*, Reinbek 1961

S. 276: Stendhal, *Mémoires d'un touriste*, Paris 1955

S. 278: Goulemot/Lidsky/Masseau, *Le voyage en France*, Paris 1997

S. 283: Goulemot/Lidsky/Masseau, *Le voyage en France*, Paris 1997

S. 285: Goulemot/Lidsky/Masseau, *Le voyage en France*, Paris 1997

S. 288: Goulemot/Lidsky/Masseau, *Le voyage en France*, Paris 1997

S. 292: Francis Scott Fitzgerald, *Zärtlich ist die Nacht*, Zürich 1983

S. 295: Francis Scott Fitzgerald, Show Mr and Mrs F to Number ... In: Fitzgerald, *The Crack-up*, hg. von Edmund Wilson, New York 1945

S. 296: Gaston Leroux, *Le Parfum de la dame en noir*, Paris 1909

S. 301: Jules Bertaut, *Côte d'Azur*, Paris 1953

S. 304: Goulemot/Lidsky/Masseau, *Le voyage en France*, Paris 1997

S. 305: Francis Scott Fitzgerald, Show Mr and Mrs F to Number ... In: Fitzgerald, *The Crack-up*, hg. von Edmund Wilson, New York 1945

S. 309: Gaston Leroux, *Le Parfum de la dame en noir*, Paris 1909

S. 313: Goulemot/Lidsky/Masseau, *Le voyage en France*, Paris 1997

Bibliografie

À la rencontre de Jacques Prévert. Exposition Prévert à la Fondation Maeght, St. Paul 1987

Achard, Amedée, *Une saison à Aix-les-Bains*, Paris 1850

Amade, Louis, Gilbert Becaud, *Les Marchés de Provence*, Paris 1958

Angeville, Henriette d', *Mon excursion au Mont Blanc*, Paris 1987

Autran, Charles, Georges G. Toudouze, *Un siècle de vie française 1840–1940*, Paris 1948

Balzac, Honoré de, *Correspondance*, hg. von R. Pierrot, Bd.1–5, Paris 1960–1969

Balzac, Honoré de, *Le Lys dans la vallée*, Paris 1973

Benjamin, Walter, *Gesammelte Schriften*, hg. von Rolf Tiedemann, Hermann Schweppenhäuser, Bd. 1 ff, Frankfurt/M. 1974 ff

Black, Charles Bertram, *The South of France, east half, including the valleys of the Rhone*, Edinburgh 1885

Broncard, Yves, *Les plus belles années des trains français*, Paris 1997

Butor, Michel, *Paris – Rom oder die Modifikation*, München 1958

Cendrars, Blaise, *Poesie*, Düsseldorf 1962

Colette, *Die blaue Flamme*, Reinbek 1979

Derain, André, *Lettres à Vlaminck*, Paris 1955

Dethier, Jean, *Gares d'Europe*, Paris 1988

Du Palais au palace, des grands hôtels de voyageurs à Paris au XIXe siècle. Exposition au Musée Carnavalet, Courbevoie 1998

Ducrocq, Georges: *La Blessure mal fermée: notes d'un voyageur en Alsace-Lorraine*, Paris 1913

L'École de Paris 1904–1929, le part de l'autre: Musée d'Art moderne de la ville de Paris, Paris 2000

Fargue, Léon-Paul, *Le Piéton à Paris*, Paris 1939

Flaubert, Gustave, *Die Reisetagebücher*, hg. von Eduard Wilhelm Fischer, Bd.1, Leipzig 1919

Fleming, Gordon, *The Young Whistler*, 1834–1866, London 1978

Gogh, Vincent van, *Briefe an den Bruder Theo*, hg. von Fritz Erpel, Bd.2, Zürich 1982

Hugo, Victor, *Le Rhin: lettres à un ami*, Paris 1985

Hürlimann, Martin, *La France, architecture et paysages*, Paris 1927

Kyria, Pierre, *Jean Lorrain*, Paris 1973

La Bédollière, Emile de, *Histoire des environs du nouveau Paris*, Paris 1865

Lamartine, Alphonse de, *Le Lac*, Paris 1860

Léo, André, La Colonie américaine à Paris. In: *Paris-Guide*, Paris 1867

Lepage, Auguste, *Les cafés artistiques et littéraires*, Paris 1882

Lister, Martin, *Voyage de Lister à Paris en 1698*, Paris 1873

Mannoni, Eugène, *L'Insulaire*, Paris 1991

Maupassant, Guy de, *Der Schmuck/Der Teufel/Der Horla*, Stuttgart 2002

Merimée, Prosper, *Correspondance générale*, Bd.7, Paris, Toulouse 1941

Nerval, Gérard de, *Promenades et souvenirs*, Paris 1977

Normandy, Georges, *Jean Lorrain, son enfance, sa vie, son oeuvre*, Paris 1907

Oberkirch, Henriette Louise d', *Mémoires de la Baronne d'Oberkirch sur la cour de Louis XIV et la société française avant 1789*, Paris 2000

Patézon, Jules, *Vittel, Vosges: ses eaux minérales*, Paris 1955

Péguy, Charles, *Morceaux choisies: poésie*, Paris 1927

Perrenet, Pierre, L'abbaye de Fontenay-en-Bourgogne. In: *Revue de Bourgogne* 10 (1922), S. 437

Pringué, Gabriel Louis, *30 ans de dîners en ville*, Paris 1948

Proust, Marcel, *Auf der Suche nach der verlorenen Zeit. Die Welt der Guermantes*, Bd.1.2, Frankfurt/M. 1964

Réau, Louis, *Histoire du vandalisme: les monuments détruits de l'art français*, Paris 1994

Ritz, Marie-Louise, *César Ritz*, Paris 1948

Roger-Marx, Claude, *Toulouse-Loutrec*, Paris 1957

Roth, Georges, *Lamartine et la Savoie*, Chambery 1927

Rousseau, Jean-Jacques, *Bekenntnisse*, Frankfurt/M. 1971

Rousseau, Jean-Jacques: *Julie oder die Neue Heloise. Briefe zweier Liebenden aus einer kleinen Stadt am Fuße der Alpen*, München 1978

Schama, Simon, *Le Paysage et la mémoire*, Paris 1999

Shelley, Percy Bysshe, Mont Blanc. In: Shelley, *Poems*, Bd.1, London 1966

Smith, William, *Eugénie, impératrice et femme*, Paris 1989

Taine, Hippolyte, *Vie et opinions de M. Frédéric Thomas Graindorge*, Plan-de-la-Tour 1982

Thévenin, Evariste, *En vacance. Alsace et Vosges*, Paris 1865

Verlaine, Paul, *Correspondance*, Bd.1, Paris 1922

Vidal de la Blache, Paul, *Tableau de la géographie de la France*, Paris 1908

Yon, Jean-Claude, *Jacques Offenbach*, Paris 2000

ildnachweis

rchiv Hachette-Livre: S. 84, 113, 166–167, 173, 262; Bibliothèque ationale de France: S. 238 (H. Langerock); Christian Braud/musée es Chartrons: S. 161; Sylvain Calvier: S. 130; © Centre des monuents nationaux, Paris; Foto Patrick Cadet: S. 202 (Le Secq), 217 (Le ray et Mestral); Sammlung Arqué: S. 22 (unten), 39, 59 (unten), 112, 3 (oben), 120, 152 (oben), 186–189, 239, 262 (Mitte); Sammlung oissel: S. 25, 27 (Grandhotel), 32 (Café de la Paix), 80, 107 (unten), 2 (unten), 237, 293, 294; Sammlung Cailly: S. 111 (Mitte), 164, 192; ammlung Lébédeff: S. 18 (links), 54, 149 (unten), 195, 211, 233 nten), 283, 288; Sammlung Walter: S. 7, 8, 12, 15 (unten), 16–18 echts), 22–24, 26, 28, 29, 32, 33 (unten), 34, 35, 38, 39 (links), 41–43, , 52, 53, 55, 57, 59 (oben), 61, 65–68, 72–75, 78, 81–85, 92–94, 101, 4–105, 107, 110, 111 (unten), 115, 118, 119, 122–125, 128, 129, 1–133, 137, 138, 140–145, 148–150, 152 (unten), 153–156, 158, 159, 4, 165, 168, 172–175, 178–181, 184–185, 190, 192, 200, 201, 203, 4, 207, 209, 210, 212, 218–220, 223 (oben), 228, 229, 233 (oben), 4–236, 240, 241, 246–249, 251, 252, 254, 255, 260, 261, 263–269, 2, 274–282, 284–287, 289, 293, 296–299, 301–Ï309; Jean-Pierre elagarde: S. 30 (Opéra Garnier); Patrick Delance: S. 1–3, 216, 273; an-Noël de Soye: S. 33; Claire de Virieu: S. 214, 215, 242, 243; onation Lartigue/photographie: Jacques-Henri Lartigue © Ministère la Culture-France/AAJHL: S. 6, 70, 71, 292, 295; Fonds Jules ervais-Courtelmont – collection Cinémathèque Robert-Lynen de la Ville de Paris – clichés Daniel Lifermann (ARCP): S. 69, 98–100, 103, 149 (oben), 174–177, 190, 191; Michel Guillard: S. 20, 21, 36, 37, 89, 96, 121, 126, 127, 134, 135, 161–163, 170, 171, 182, 183; Fotothek Hachette-Livre: S. 15 (oben), 19 (vérascopes Richard), 44–46, 50, 51 (vérascopes Richard), 58, 60, 61 (rechts), 77 (coll. stéréoscopique), 79 (Blanchet), 88, 90 (Hummel), 91 (De Montel), 102 (Tanqueray), 106 (oben), 109, 111 (oben), 114 (coll. stéréoscopique), 136 (vérascopes Richard), 139, 147, 157 (vérascopes Richard), 160 (Blanchet), 168, 169, 193 (Guilhou Paulo), 194, 196–198, 205, 208, 221 (Marx), 222 (links), 224, 225 (Duvivier), 231 (oben), 244 (Feuillet), 253, 258 (Feuillet), 259, 271 (Giletta), 312, 313; André Martin © Myphototek: S. 116, 117; Vincent Motte: S. 290, 291; Scope: S. 48, 49 (Philippe Blondel), 86, 87 (Philip Gould), 95 (Philippe Blondel), 226, 227 (Jacques Guillard), 239 (Nathalie Pasquel), 245 (Jacques Guillard), 300 (Noël Hautemanière), 310, 311 (Roland Huitel); Jacques Sierpinski: S. 199; Fabrice Subiros: S. 250; Jean-Daniel Sudres: S. 97; Marc Walter: S. 4 (Ajecta), 8, 11 (Ajecta), 12, 16, 23 (Chaumet), 24–27, 31 (Palais Garnier), 32, 35, 40 (Clôserie des Lilas), 47, 54 (Martin Hürlimann), 64, 65, 76, 80 (Grandhotel Cabourg), 84, 92, 93, 107, 110, 112, 115, 120, 131, 149 (Martin Hürlimann), 150, 153, 163–165, 173, 189, 207 (unten), 210, 212, 213, 218, 228, 232 (Train Bleu), 235–237, 247, 262, 270, 272, 282, 283 (Martin Hürlimann), 284, 288 (Martin Hürlimann), 293, 294; Pierre Witt/Rapho: S. 256, 257.

anksagung

e Autoren danken allen, die ihnen in Sachen Dokumentation und formation geholfen oder beratend zur Seite gestanden haben. nser Dank gilt insbesondere Colette Véron für ihre freundschafthe Unterstützung und Pascal Boissel für die Öffnung seines ertvollen Archivs.

ir sprechen Alain Spieser unseren Dank aus sowie allen, die uns i unseren Fotorecherchen die Türen geöffnet haben, insbesondere éatrice de Plinval im Hause Chaumet, Monsieur und Madame ormier von der Association Ajecta, Christian Schirm und Stéphanie odier von der Opéra Garnier, Monsieur Blénet vom Grandhotel abourg, Carole Chrétiennot von La Clôserie des Lilas und dem Train eu, dem Restaurant der Gare de Lyon.

Unser Dank gilt auch folgenden Fotografen: Patrice Delance, Jean-Pierre Delagarde, Michel Guillard, Vincent Motte, Jean-Noël de Soye, Jacques Sierpinski, Fabrice Subiros, Jean Daniel Sudres, Claire de Virieu, Pierre Witt. Dank auch an Yann Martin sowie Jacques und Catherine Guillard für ihre Unterstützung. Und schließlich danken wir Madame Depastre von der Cinémathèque Robert Lynen (Fonds Gervais-Courtelmont), Aldona Kucharska vom Archiv Hachette-Livre und Sylvie Gabriel.

Marc Walter bedankt sich persönlich bei Sylvain Calvier, Jacques Majewski, Richard Vaché, Daniel Bourgeois, Patrick Lébédeff, Florence Cailly, Jean Pierre de Monza und bei Catherine.

Ein Buch der Partner GEO Saison und
FREDERKING & THALER

Die Deutsche Bibliothek – CIP-Einheitsaufnahme
Ein Titeldatensatz für diese Publikation ist bei
Der Deutschen Bibliothek erhältlich

Titel der französischen Originalausgabe:
»Voyages en France«

Übersetzung aus dem Französischen:
Sigrid Groß (S. 1–18), Karin Boden und
Monique Lütgens (S. 22–320)

Zitat– und Bildnachweis siehe Register

Konzeption und Gestaltung: Marc Walter
Autoren: Alain Rustenholz und Sabine Arqué
Lektorat: Gudrun Honke, Bochum
Herstellung und Satz: Büro Caroline Sieveking, München
Umschlaggestaltung: Petra Dorkenwald, München
Umschlagfoto vorne: Fox Photos/Getty Images
Druck und Bindung: Editoriale Lloyd

Printed in Italy

ISBN 3-89405-608-8

Umwelthinweis: Das Papier wurde aus chlorfrei gebleichtem Zellstoff hergestellt und enthält keine Aufheller. Die Einschweißfolie – zum Schutz vor Verschmutzungen – ist aus umweltfreundlicher und recyclingfähiger PE-Folie.